汉语第二语言教学

从方法到后方法

王骏 安娜◎著

上海交通大学出版社
SHANGHAI JIAO TONG UNIVERSITY PRESS

内容提要

　　本书梳理了第二语言教学法的主要流派，并将其纳入后方法理论的框架进行系统评介，重点结合教案和视频示范课，介绍最具影响力的八种教学法流派，即听说法、全身反应法、多元智力法、交际语言教学法、合作语言学习法、内容导向教学法、词汇教学法和任务型教学法，在汉语第二语言课堂上的具体应用。本书可帮助汉语第二语言教师了解第二语言教学法发展史和实际课堂应用，也可作为汉语国际教育专业本科及研究生相应课程的教材或参考读物。

图书在版编目(CIP)数据

　　汉语第二语言教学：从方法到后方法/王骏，安娜著.—上海：上海交通大学出版社，2022.11
　　ISBN 978 - 7 - 313 - 25864 - 9

　　Ⅰ.①汉…　Ⅱ.①王…②安…　Ⅲ.①汉语-对外汉语教学-教学研究　Ⅳ.①H195.3

　　中国版本图书馆 CIP 数据核字(2022)第 170175 号

汉语第二语言教学——从方法到后方法
HANYU DIER YUYAN JIAOXUE——CONG FANGFA DAO HOUFANGFA

著　　者：王　骏　安　娜
出版发行：上海交通大学出版社　　　　　地　　址：上海市番禺路 951 号
邮政编码：200030　　　　　　　　　　　电　　话：021 - 64071208
印　　制：上海万卷印刷股份有限公司　　经　　销：全国新华书店
开　　本：710mm×1000mm　1/16
字　　数：191 千字
版　　次：2022 年 11 月第 1 版　　　　　印　　次：2022 年 11 月第 1 次印刷
书　　号：ISBN 978 - 7 - 313 - 25864 - 9
定　　价：69.00 元　　　　　　　　　　音像书号：ISBN 978 - 7 - 88941 - 561 - 3

印　　张：12

Preface

前　言

　　中国的汉语国际教育事业,如果从 1962 年《汉语教科书》的出版算起,已发展了将近 60 年;如果从 1978 年之后作为一个学科进行发展算起,也已超过 40 年。尤其是 21 世纪以来,随着我国政治、经济、文化影响力的不断增长,汉语国际教育的规模日益扩大,有效地传播了汉语和中国文化,培养了一大批知华、友华的国际友人,已经成为新时代教育事业的一个重要组成部分。

　　作为一个专业领域,60 年来,以大批优秀的、有影响力的教材为标志,涌现出很多具有代表性的教学思想和理念。这些思想和理念,是广大专家学者积极吸收国外先进理论和实践,并结合汉语国际教育实际,不断反思、创新的产物;这些思想和理念,不仅使得教学实践的水平不断提高,也孕育了大量的科研成果,对世界应用语言学的发展做出了可贵的贡献。

　　然而,当我们回顾上述成果时,却发现一项较为显著的空缺:虽然以章兼中为代表的前辈学人早已对第二语言(外语)教学法进行了系统全面的引介,但迄今还没有一本学术著作从汉语作为第二语言(外语)教学的角度审视这一问题,并结合汉语国际教育课堂实际进行分析。跨入 21 世纪第三个十年之际,随着内容导向教学法、词汇教学法、合作学习法等新方法的不断成熟,而后方法理论又对于不同教学法流派的融合提出了全新的视角,上述空缺的填补则变得更为迫切:因为大量的国内外国际汉语教师的专业培训、汉语国际教育研究生及本科生的持续培养和整个学界教学科研实践都离不开这一资源的支持。

　　因此,我们不揣冒昧,希望凭借自身浅薄的学术积累编写此书,为上述群体服务。同时借助当今互联网视频播放技术带来的便利性，我们还为八种主流的教学法配套了实际课堂教学视频，以便为读者提供直观的示例，希望这一小小的创新能为广大读者所接受和喜爱。

王骏　安娜　谨识

2021 年 7 月于上海交通大学徐汇校区及澳大利亚新南威尔士大学

Contents

目 录

第一章

第二语言教学法的发展与汉语国际教育

第一节　第二语言教学法的发展及其在中国的引介

第二语言(外语)教学法的兴起与发展伴随着人类外语教学事业发展的整个过程。从最早可以追溯至 16 世纪的翻译法,到近年来主张融合各种教学法流派、根据具体情境灵活运用的后方法理论,外语教学界涌现出形形色色不下数十种具有影响力的教学法理论。中国的外语教学(包括汉语作为外语的教学,即今天我们说的汉语国际教育)不可避免地受到这一进程的影响。文秋芳(2019)曾说:"我国外语教学理论发展大致沿着三条路径前行:引进改造、扎根本土、融通中外。"这说明了上述影响确实存在。比如,中华人民共和国成立后引进当时苏联学界的"课文中心法",曾塑造了新中国早期的外语教学乃至语文教学的面貌。20 世纪 60 年代开始,我国学界从西方引进听说法,曾在南京大学、华东师范大学等单位进行试点,取得了不错的成效(陈艳君 2015;章兼中 2016)。交际法 20世纪 70 年代兴起于英国,80 年代即被引入当时刚刚开始改革开放的中国(史宝辉 1997),其理念由此在超过 30 年的时间里逐步为我国外语教学界所接受、采纳和运用。任务型教学法 20 世纪 90 年代才被提出,21 世纪伊始即在我国外语学界和对外汉语学界受到追捧(马箭飞 2002;魏永红 2004)。内容导向教学法虽然近几年才逐渐成为主流方法,但早在 20 世纪 90 年代已有学者引入(王士先 1994),并且之后在课堂上得到了广泛的实践(曹贤文 2005;常俊跃、董海楠 2008)。

不仅如此,我国学者还借鉴上述理论,结合我国外语教学的实际进行改造创新,提出不少具有中国特色的教学法理论,其中较为知名的有王初明的"写长法"(王初明等 2000)、文秋芳的"产出导向法"(文秋芳 2015,2018)等,彰显了我国学者对于国际学术界的贡献。

事实上,今天无论是在第一线从事外语教学或者汉语国际教育的教师,还是致力于研究外语教学及第二语言习得内在规律的学者,都或多或少受到上述外语教学法理论框架的影响,并在实际的教学行为及科研产出中体现出来。也正因为如此,即使是在如今这个"后方法时代",不断总结梳理外语教学法的发展仍具有十分重要的意义。这项工作能够帮助我们全面了解外语教学法发展的前沿,同时,也能帮助我们分析、反思、改进教学实践,从而提高教学质量以及对于外语教学和习得规律的理解水平。

第二节　第二语言教学法与汉语国际教育

顾名思义,汉语国际教育(过去一般称为对外汉语教学)属于外语教学的学科范畴。其特殊之处在于,从事这项事业的教师和研究者中,大部分人是将自己的母语作为教学和研究的对象。这一独特性或者说独有优势,使得我国的汉语国际教育事业虽然肇始相对较晚,总体规模相对于外语教学也小得多,然而在外语教学法的吸收与融会贯通上,却曾做出过许多具有首创性、突破性的贡献。比如,上文所提到的马箭飞等学者将任务型教学法引入对外汉语的教学和实践中,就比外语界更早。他率先提出并设计了汉语短期教学的任务型大纲,根据项目的难易度将交际任务项目的等级划分为简单、一般和困难三级,还提出教学原则和教学过程(马箭飞 2000,2002)。与之相比,我国外语界对于任务型教学法的认识和运用则在一定程度上存在流于表面的问题,这一点曾受到文秋芳(2019)的批评。

汉语国际教育界同时也为外语教学法理论的本土化融合做出过重大的贡献。赵金铭(2010)在归纳我国对外汉语教学发展史时,曾将其归纳为具有如下五大特色的"汉语综合教学法":①以结构为主,将结构与功能有机结合;②注重词汇和语法教学,主张字不离词,词不离句,词汇和语法有机联系;③科学系统地合理安排语言点的教学,循序渐进,循环往复,既有连续性,又有阶段性;④重视语音教学,即在初学阶段集中力量打歼灭战,花两个星期攻克拼音关;⑤综合法已经用于多套教材的编写。事实上,"汉语综合教学法"已经成为我国对外汉语教学的主流教学法,其诞生和发展,恰恰证明我国学者和汉语教师在将汉语作为第二语言教学的过程中"引进改造、扎根本土、融通中外"的不懈努力。可以说,汉语国际教育事业在改革开放之后才得到较大规模发展的"后发优势",以及随着中国国际影响力的日益增强,汉语教学在全世界的遍地开花,使得汉语第二语言教学从开始就具有较好的国际视野和理论意识,能够较好地吸收国外主流外语教学法的养分,同时结合自身实际反哺教学法理论的发展。

第三节 本书的写作目的与基本内容

我国学界对于外语教学法的引介比较充分,代表性的学者,如章兼中(1983,2016)、文秋芳(2019)等,仍在不断跟进国际学界最新的理论进展,并结合本土实践提出符合实际需求的理论思考。我们认为,要充分认识外语教学法的实质并以此有效地指导实践,必须要将其和教学的实例相结合。在汉语国际教育领域,一个值得关注的现象是,一方面,其教学和研究比较注重吸收前沿理论和新的教育技术,基于自身特点和实际需要,在线上课程建设、在线远程(同步、异步)教学等方面取得了较快的发展和(与国内外其他语种作为外语教学相比)"先行一步"的微弱领先;另一方面,目前仍比较缺少以汉语课堂为实际案例,系统介绍主流外语教学法理论在汉语国际教育中的具体运用的学术著作。这难免会给一线的国际汉语教师,尤其是新手教师带来理论与实践相对脱节的困境。

因此,本书将进行这样一项尝试:我们将梳理在外语教学史上产生过较大影响的主流外语教学法流派,并对其中听说法、全身反应法、多元智力法、交际语言教学法、合作语言学习法、内容导向教学法、词汇教学法、任务型教学法这八种兼具代表性和实用性的方法,结合教学视频和教案进行具体解读。全部教学视频均为以汉语作为第二语言教学的课堂,所涉师生均为有经验的国际汉语教师和真实的汉语学习者(包括国籍和实际汉语水平)。最终,我们将采用较为前沿的"后方法"理论视角,总结性地重新审视上述教学法流派,并就在新时代如何有效地融合运用上述教学法提高汉语教学水平提出自己的观点。我们希望这一全新的尝试能给国际汉语教师和汉语第二语言教学的研究者带来一项有用的工具,帮助新手教师尽快成长,帮助资深教师更方便地了解运用前沿的理论与教学手段,也为研究者群体创造一个随时可查的资料库,帮助他们更为高效地进行有关科学研究。

参考文献

1. 曹贤文. 内容教学法在对外汉语教学中的运用[J]. 云南师范大学学报(对外汉语教学与研究版),2005(1):7-11.

2. 常俊跃,董海楠. 英语专业基础阶段内容依托教学问题的实证研究[J]. 外语与外语教学,2008(5):37-40.

3. 陈艳君. 基于本土视角的中国英语教学法研究[D]. 湖南师范大学,2015.

4. 马箭飞. 以"交际任务"为基础的汉语短期教学模式[J]. 世界汉语教学,2000(4):87-93.

5. 马箭飞. 任务式大纲与汉语交际任务[J]. 语言教学与研究,2002(4):27-34.

6. 史宝辉. 交际式语言教学二十五年[J]. 外语教学与研究,1997(3):66-70.

7. 王初明,牛瑞英,郑小湘. 以写促学:一项英语写作教学改革的试验[J]. 外语教学与研究,2000(3):207-212.

8. 王士先. CBI:专业英语阅读教学的方向[J]. 外语教学,1994(2):27-31.

9. 魏永红. 任务型外语教学的研究:认知心理学视角[M]. 上海:华东师范大学出版社,2004.

10. 文秋芳. 构建"产出导向法"理论体系[J]. 外语教学与研究,2015(4):547-558.

11. 文秋芳. 产出导向法与对外汉语教学[J]. 世界汉语教学,2018(3):387-400.

12. 文秋芳. 新中国外语教育 70 年:成就与挑战[J]. 外语教学与研究,2019(5):723-733.

13. 赵金铭. 对外汉语教学法回视与再认识[J]. 世界汉语教学,2010(2):243-254.

14. 章兼中. 英语十字教学法[M]. 福州:福建教育出版社,2016.

15. 章兼中. 国外外语教学法主要流派[M]. 上海:华东师范大学出版社,1983.

第二章

翻译法

本章对传统外语教学法中占据重要位置的翻译法（有学者将其称为语法翻译法）产生的历史背景、理论基础、发展过程、教学过程、影响与评价等进行介绍。

第一节　历史背景

翻译法（Translation Method）是以母语和外语互译作为特征的外语教学法，最早可追溯至中世纪时欧洲人教希腊语和拉丁语等古典语言。"16 到 19 世纪，学生一进入语法学校便被要求学习拉丁语法，而学习的过程主要是死记硬背语法规则，学习词尾变化和连词，翻译，练习写作例句，同时伴随并行的双语课文和对话"（Kelly 1969；Howatt & Widdowson 2004）。由于当时人们学习希腊语和拉丁语的主要目的是阅读相关书籍文献以及著书立说和发表自己的学术见解，因此翻译法的教学重点主要放在希腊语和拉丁语的翻译和阅读理解上，口语和听力的语言技能则没有受到很大关注。18、19 世纪希腊语和拉丁语逐渐失去交际功能而只用于学术研究，变成不能在实际生活中运用的"死语言"。与此同时，欧洲现代外语教学开始兴起，英语、法语、意大利语等逐渐成为主要外语教学对象，由于一时找不到合适的外语教学法，翻译法自然地被沿用至最初的现代外语课程中。最初的翻译法认为，学习外语的目标主要有两个："一是掌握阅读外语文献的能力，二是从外语学习过程中获得意志训练和智力发展"（Richards & Rodgers 2014）。在使用翻译法学习外语的过程中，学习者一般只注意外语文献中引起他们兴趣的部分。此外翻译法非常重视阅读和写作,以翻译和对比作为主要的教学手段,并认为语言学习的过程可以帮助学生获得理性思维能力的发展而最终达到发展智力的目的。

第二节　理论基础

一、语言学理论基础

通过翻译法的目标可知,翻译法希望能使学生掌握阅读外语文献的能力。而这一目标主要是通过要求学生在母语和外语之间进行互译从而掌握词汇和语法规则来实现。这种观念能够实施到具体的外语教学实践中主要得益于 18 世纪历史比较语言学的兴起与发展。历史比较语言学通过追溯不同语言之间共同的语言源头,揭示语言的使用背后相同的思维规律。历史比较语言学认为,各种语言之间词汇与意义的对应关系、语法应该是相同的,而各种语言中词汇的差异也仅限于发音和书写方式。语言学研究上的发展趋势也深刻影响着教学方法的形成,翻译法便在历史比较语言学的发展成熟中逐渐确立以词汇、语法的翻译作为学习外语的主要手段,特别突出母语在二语习得中的作用,斯特恩和塔罗内(Stern & Tarone 1983)将这种现象称为"母语被视作二语习得中的对照系统"。

二、心理学理论基础

翻译法的另一目标是让学生从外语学习过程中获得意志训练和智力发展。翻译法之所以认为这种外语教学法能够使学生从外语学习过程中获得意志训练和智力发展,主要受到官能心理学(Faculty Psychology)和联想主义心理学(Associationism Psychology)的理论影响。

官能心理学起源于古代希腊的古老心理学概念。18、19 世纪的欧洲教育体系都受到官能心理学的深刻影响。按照官能心理学的基本观点,人类的心系主要由意识、感情、知觉、想象、记忆、推理、意志、注意等多种官能共同组成。这些本来独立的官能经人的刻意训练可以相互配合并应用于各种活动。"官能心理学认为人的身体和心灵是相互独立的,心灵可分为意志、情绪、智力三部分。通过训练智力最终可以达成对意志和情绪的控制,而学习古典希腊、罗马文献和数学正是训练智力的方式"(Smith 1999)。教育学家在这一心理学基础上提出学校的教育应该重视不同官能的配合训练。由此以学习外语文献为主要目的、以同时训练多种官能为特点的翻译法被广泛应用。此外有学者认为翻译法的发展和联想主义心理学不无联系。联想主义心理学源自古希腊，流行于 17 至 19 世纪的英国。联想主义心理学把一切心理活动都看成是各种感觉或观念的集合，并认为心理活动是通过联想的力量来实现的。所谓联想，即各种观念之间的联系或联结，体现在外语教学中，母语和目的语之间的互译主要是为了建立两者在字形、语音、意义上的联系。

以上对翻译法的理论基础的阐述是后人在结合时代背景的情况下，试图在翻译法和同时期快速发展的其他学科的理论之间建立起联系的尝试，因此翻译法的理论基础究竟是什么也是见仁见智。理查兹(Richards)甚至认为翻译法本身没有理论基础，"翻译法是一个没有理论基础的方法，因为没有专门用于阐述其理论基础或合理性或尝试将其与语言学、心理学或教育学理论联系的书籍"(Richards & Rodgers 2014)，试图表明翻译法在自身创立及发展过程中并没有提出明确地支撑自身实践的理论。在翻译法教科书的编撰中也同样体现出其缺乏真正拥护者的情况，"现在大学外语教学的教科书常常遵循翻译法的原则，这些教科书常常由专门受过文学培训的人编写而非出自那些专门学习语言或应用语言学的人，可以说尽管现在翻译法还在被应用，但是却没有真正的拥护者"(Richards & Rodgers 2014)。

第三节　发展过程

翻译法是用来概括以翻译为主要教学手段的教学方法的一个总的名称。翻译法从诞生之日起便不断经历着内涵的变化与丰富，章兼中(2016)便指出站在不同的立足点也可以赋予其不同的命名：根据其在外语教学过程中运用翻译方法而定名为翻译法；根据其以语法为语言教学基础而定名为语法法(Grammar Method)或语法翻译法(Grammar Translation Method)；因其可追溯至传统的希腊语和拉丁语教学而称为传统法(Traditional Method)或古典法(Classical Method)；为了与其他新兴的教学法区别被命名为旧式法；根据翻译法代表人物的姓名定名为奥伦多夫法(Ollendorff's Method)、雅科托法(Jacotot's Method)

等;其中最具为人熟悉且最具代表性的当属语法翻译法,经常被作为翻译法的代名词被广泛使用。

从发展阶段而言,翻译法在发展过程中主要经历了古典翻译法和近代翻译法两个阶段。古典翻译法主要包括语法翻译法、词汇翻译法、翻译比较法三种方法体系。语法翻译法强调语法对语言学习的重要意义,认为只有在背熟语言规则的前提下才能开始外语原文的阅读理解和翻译,而对语言规则的熟悉需要通过母语和外语的互译进行练习巩固。语法翻译法认为通过这样的学习过程可以实现对个人逻辑能力、毅力等方面的培养。词汇翻译法非常关注教学过程中学生词汇的积累。相比于孤立地学习语法规则,词汇翻译法更注重对课文的语义解析和翻译,通过将课文材料与母语进行对照最终达成对课文内容的理解,并在这一过程中学习词汇和语法。词汇翻译法将母语作为外语教学最重要的基础,因此特别强调学生进行逐词翻译以及翻译的准确度。翻译比较法受历史比较语言学影响较深,主张在母语和目的语之间进行系统对比,并在此基础上进行翻译。翻译比较法认为教师在教学过程中应该具有连贯性并对词源知识加以介绍,而学生则应在学习外语的过程中锻炼自己的观察、分析、演绎等思维能力,同时通过实践来实现对语言材料的理解。此外翻译比较法也最先提出词汇、语法、课文相结合的教学原则,然而这一理念对当时的外语教学环境而言要求过高,因此并未能够落实到具体的教学实践中。

古典翻译法的优点可以概括为注重学生阅读能力培养,特别是阅读大量的外语名著;教师在课堂上着重讲解语言知识,注重让学生在语言学习过程中发展理性思考能力;将翻译作为教学手段,发展学生认识到两种语言形式差异的认知以及总结语言规律的能力,同时翻译也成为教学目的之一,能够提高学生的翻译能力。而古典翻译法的问题是教学中独立讲解词汇、语法知识,与课本内容脱离,不利于学生语言技能的发展,特别是忽视口语和听力能力的培养。近代翻译法则改进古典翻译法的部分弊端,在教学的过程中结合母语、翻译、对比和词汇、语法教学,并加强语言知识与课文教学之间的关系,有利于提高学生的语言技能以及对语言知识的应用能力。而其问题是课堂时间大量使用于语言知识理论的讲解和操练,而在语言技能的应用实践仍有局限。

伴随理论基础与根本原则的完善,20世纪中期近代翻译法在古典翻译法的基础上吸收语言学、心理学、教育学等科学理论的成果后逐渐成型,有的国家将其称为译读法,有的国家则沿用语法翻译法来指称近代翻译法。近代翻译法在古典翻译法注重意志磨炼和智力发展的基础上改进语音、词汇、语法三要素的独立教学,转而实施以课文为中心对三个要素的综合性的教学,并将教学目的从单一的训练阅读写作能力扩展为兼顾听、说技能的综合性发展。同时近代翻译法也继承了古典翻译法的部分特征,如注重语法教学、教学过程依靠母语,并注重翻译技能的培养,这也是至今人们将翻译法称为语法翻译法的原因。

第四节　教学过程

翻译法主要可分为古典翻译法和现代翻译法。古典翻译法中最具有代表性且最有影响力的是语法翻译法。在对翻译法的研究过程中,有些学者直接将语法翻译法等同于翻译法。如果从细分的角度来说,语法翻译法是翻译法发展过程中的一个分支,以将语法作为教学重点并以翻译作为教学方法而得名。由于语法翻译法的强大知名度和影响力,翻译法研究者常常将研究语法翻译法作为对象,并以此代表翻译法的整体。语法翻译法与其他翻译法的根本区别是语法翻译法非常强调语法在外语教学中的作用。

一、古典翻译法的教学过程

对古典翻译法的教学过程还原,我们将以语法翻译法作为代表进行介绍。语法翻译法认为学生在学习外语的过程中只有先学习语法规则和例句,熟练掌握了目的语的语法规则后才能进入课本阅读,进行阅读和翻译外语原文的阶段。因此学生必须先花一年左右时间背诵活用表、规则、例句等内容之后才能进入真正的课本阅读,当然这些语法规则和例句等都是从典籍、名著中摘录出来的。总体教学程序从学习字母的发音和书写开始,在学生掌握了语音之后,再向学生系统地教授语法规则。揭示语法规则主要通过演绎的方法,即给出目的语的例句并用母语对规则进行阐释,最后进入阅读原文并通过翻译的方法继续巩固已学过的语法规则。课本材料常常是外语的经典文学名篇,其目的并非培养学生的文学鉴赏能力或将学生置于目的语的环境中,而是为了让学生以此熟悉外语的语法规则与形态特征。一本经典的 19 世纪中期语法翻译法课本分成章或课,围绕语法点进行系统的编纂。语法点都被一一罗列出来,并在其后详细说明使用规则并使用例句进行阐释。此外经典的语法翻译法课本每一章开头都会出现一张双语词汇表,然后出现需要学习的语法规则以及需要翻译的句子,配合教师上课时的教学需求。由于语法翻译法非常重视语法形式的理解和记忆,为了让学生将注意力放在语法规则上,早期语法翻译法的教科书给出的例句常常晦涩难懂。如 19 世纪一些语法翻译法的教科书中出现的较为经典的例句有:

哲学家扯了母鸡的下巴

我的儿子们买了公爵的镜子

我阿姨的猫比我叔叔的狗更奸诈

(Titone 1968:28)

虽然通过翻译这些意义晦涩的例句,学生对语法规律的认识以及翻译能力能得到一定程度的提高,但例句使用的词汇较难在生活中经常接触到,不具备实用意义,学生只能依靠死记硬背的方式记忆例句。导致的后果是学习过程非常枯燥无聊,学生的阅读能力也很难得到真正意义上的提高。课堂上的教学顺序是先讲授词法然后讲授句法,先列出语法知识然后通过演绎法即列举若干例句的方式进行讲解。练习是让学生在母语和外语之间进行互译,试图通过这种方式巩固课堂上教授的语法规则。语法翻译法在教学过程中遵循的原则主要有:

(1)语言技能上,重视且系统训练阅读和写作的语言技能,对口语和听力的关注较少。

(2)教学语言上,教师使用学生母语给予教学指令,因此对教师的外语水平要求不高。大部分的课堂时间用以进行母语和目的语的互译。母语被普遍使用于解释新词汇以及目的语和母语的比较。

(3)教学内容上重视语法教学。通过演绎法详细分析语法规则,让学生在母语和外语的互译中熟悉并逐渐掌握语法规则。大部分语法-翻译课文会为了有顺序地学习语法点而制定教学大纲。在教学过程中倾向于定序地、系统地学习语法。词汇教学主要通过双语词汇列表、词典学习和记忆,词汇从已经阅读过的材料中选择。在典型的语法教学材料中,需要展示和阐述语法规则,并附以翻译练习。

(4)教学重点从语法逐渐转向句子,这是语法翻译法自身调整变化的体现之一,体现为"句子是教学和语言练习的基本单位。重视句子是这种教学法的最明显特征。更早的外语学习法将语法作为学习外语材料的主要方法,但这对于中学学生来说难度很大,因此将重点放在句子上以降低外语学习的难度"(Howatt & Widdowson 2004)。

(5) 要求学生在翻译上要达到很高的准确度,主要体现为"高度的精确被置于首要位置,并且在本质上拥有很强的道德观念,是那个世纪通过快速增多的正式笔试的先决条件"(Howatt & Widdowson 2004)。此外学生在应用语法翻译法过程中不仅需要记忆外语的规则和语言事实,也需要理解和掌握外语的形态和句法特征。

语法翻译法是古典翻译的代表之一,此后翻译法自身内部也在不断进行调整和变化,其中最明显的是 20 世纪中期左右形成的近代翻译法。

二、近代翻译法的教学过程

近代翻译法,或称为译读法,在结合了古典翻译法中的优点的基础上试图在课堂上实现对语音、词汇、语法教学的集合,实现了对古典翻译法部分局限性的超越,至今仍被使用在一些教学场景中。有学者因近代翻译法强调语法的学习而将其称为语法翻译法。章兼中(2016)将这一教学方法的教学过程描述为四个步骤:译述大意→讲解语言材料,对课文进行语言分析和逐词、逐句翻译→切合原意翻译→直接阅读、直接理解外语课文。这四个步骤是近代翻译法进行阅读、翻译教学的较为典型的模型,而教师在运用的过程中可以灵活地选择自己需要的步骤。总体而言,近代翻译法仍然以翻译以及课文分析为主要课堂内容。

第五节　影响与评价

一、翻译法在欧洲

翻译法主导了欧洲的外语教学进程以及 18、19 世纪现代外语教学初期的发展。19 世纪中后期,反对翻译法的声音逐渐在多个欧洲国家扩散,强调翻译法的缺陷如缺乏对学生听说等语言技能的培养,学生的阅读能力普遍较强而听说处在滞后的水平;过于注重语法教学而忽视教学内容,教学内容深奥难懂或枯燥无聊,较难被使用到实际日常生活中;教学过程中过分依赖翻译,学生难以摆脱使用母语进行思考的习惯;不利于培养学生使用目的语进行思考与交流的能力;学生被要求机械地记忆语法规则及对应例句,在母语和目的语之间进行机械的互译;不利于调动学生学习外语的积极性,从而导致课堂气氛压抑沉闷等等。

19 世纪掀起了反对翻译法的改革运动。这一改革运动主要源于 19 世界中叶交流机会增多,对外语口语流利表达提出了要求,这自然使得私人授课的对话型教科书以及常用语手册开始畅销市场。德国、英国、法国以及欧洲其他国家的外语教学家们开始对现代外语教学法进行各具特色的改革。这一过程中诞生了对语言的语音系统进行科学分析和描述的语音学(Phonetics)。1886 年国际语音协会(IPA)成立,该协会最早的目标是通过提倡口语教学以及语音训练等方式改善现代语言教学。而同时语言学家注意到中学里教授现代外语时所使用的翻译法在公共教育系统中的效果不尽如人意,因此开始将注意力放在对话上,将其视为开展外语教学的最好方式。

当时的改革家们针对当时翻译法存在的问题,针对性地提出应该发展新的教学法,认为新的教学法应该具备如下特征:围绕口语教学展开;将当时语音学的研究成果应用到教学和教师培训中;学习者在阅读之前应该先听语言材料;词汇应该在句子中被学习,句子应该在有意义的语境中被学习;应该先将语法点放在课文中让学生进行理解,然后学习语法规则,即应该使用归纳的方法学习语法;避免使用翻译,母语只能被使用在解释新的词汇或者检查学生是否理解上课内容时。这些原则为新的更有规范性的外语学习方法的产生提供了基础,同时改革运动也显示出对母语学习中按照自然规律进行语言学习的兴趣。这为后来自然法的诞生奠定了基础并最终发展为直接法。

二、翻译法在中国

从翻译法在我国的发展来看,翻译法是我国外语教学中使用时间最长、占据着主导地位的教学法。我国的外语教学最早开始于洋务运动时期清政府开办的第一所以学习西方先进知识为目的的新式学校——京师同文馆。1872 年京师同文馆公布了 8 年制西学课程,翻译、文法、写作成为外语教学的主要内容。19世纪末在中国较早展开的外语教学中,有影响力的教学机构普遍使用文学翻译法。此后翻译法一直占据着绝对地位直到 20 世纪 20 年代逐渐被直接法所取代,但它仍然对我国的外语教学产生着持续的影响,在外语教学中占有一席之位。

近年来我国外语教学界对翻译法的反对声音越来越大,特别是 20 世纪 70 年代交际法兴起后越来越受到推崇,翻译法似乎成为一个过时的外语教学法。然而翻译法能在很长时间内在中国外语教学界占据主导地位的原因很有可能是因为其本身具有的优势且这些优势能够匹配中国外语教学的独特国情。中国的外语教学主要以公共英语教学为代表,教学环境特点是母语环境,上课课时少、大班上课等,因此让学生自然习得英语语法规则与语言知识是较难实现的。并且使用交际法一般对教学环境、学生语言水平有一定的要求,在可操作性上交际法要弱于翻译法。此外学校英语教育的组织者教师一般不是英语母语使用者,使用翻译法对其目的语的要求相对较低。

中国公共英语课堂上主要学习材料为书面经典英语语篇,优点是有效地提高学生英语材料的阅读能力。当然,出于同样的原因接受翻译法教学的学生英语的听说能力会相对较弱。由于翻译法对语法教学的注重,学生被要求系统学习英语的基本规律和语法系统。教师通过母语向学生阐释词汇意思和语法规则,能够更为高效、准确地使学生掌握英语使用规则,避免学生一知半解、错误使用规则的情况。同时把翻译作为长期课堂教学手段将在潜移默化中提高学生的翻译技能,而翻译作为一项社会技能在如今全球化的环境中也将成为越来越普遍且重要的技能之一。因此在外语学习中,翻译不仅是手段,而且会变成教学目的本身。

对于课堂是唯一的外语学习环境的学生而言,翻译法是学生接触并熟悉外语语法规则的有效途径,能够帮助学生内化语法体系,为正确的口语表达创立前提条件。可以设想在翻译法训练下的学生,只要他们被赋予适当的语言交际环境,内在的语法系统将帮助他们有可能输出更为符合英语使用习惯的句子,久而久之其口语能力能够逐渐得到强化。而反之如果只是注重交际口语能力,学生对语法规则使用错误或一知半解的情况下,学生很难自行纠正错误,习得正确的语法规则。因此,翻译法在很长一段时间内在中国学校英语教学中被大规模运用,是因为学生和教师具备的现有条件促使其选择在实际上更容易实施的翻译法。

总体而言,虽然随着新外语教学法的兴起翻译法受到许多批评和质疑,但仍不可否认其在外语教学中曾经发挥过的重要作用,甚至现今在世界上部分地区语法翻译法以改良的形式继续在被使用着,特别是在外语教材的编写中至今还留存许多翻译法的痕迹。语言学家斯特恩和塔罗内(Stern & Tarone 1983)肯定了翻译法存在的价值:"尽管教育改革家们对传统语法翻译教学法进行了猛烈攻击,但这种方法今天仍兴盛不衰,说明其存在的合理性与强大的生命力。"他进一步指出语法翻译法的四大优势:"首先,母语对外语学习者来说是一种参考语言,非常重要,因此翻译在外语教学中起着一定的作用;其次,学习者要努力掌握外语语法系统,语法学习必不可少;第三,学习者把外语形成特点和翻译看成一种训练技巧的同时,也是在主动解决问题,是一种明示的学习策略;最后,语法翻译法在教学中很容易操作。"霍瓦特和威多森(Howatt & Widdowson 2004)也指出翻译法并非一些批评家所指出的那样一无是处。那些过激的言论往往出自那些极力希望凸显法语、德语和古典语言一样复杂的人。这种言论的后果便是翻译类课程给学习者留下了不好的回忆甚至是憎恶,对他们而言语言学习意味着枯燥地记忆无数的语法规则和词汇,并试着完美地翻译出生硬的或文学性的散文。虽然翻译法经常使学生感到沮丧,但在某些特定的情况,如当外语学习的目的是理解文学材料而非进行口语教学时,翻译法却能满足教师的需求。

因此,对翻译法的评价应当根据外语学习的目的做出客观的评价,而不能以单一的标准否定语法翻译法在任何层面上的价值。同时也应当意识到任何一门教学法都处在逐渐完善成熟的动态变化中,翻译法也随着时代变化做出了积极的调整,并发展出新的形态。如现代翻译法便是翻译法在发展自身优势、克服自身缺点,从幼稚期逐渐走向成熟期的成果。此外现今的很多研究开始意识到翻译法与其他教学法结合的可能性。如翻译法的优势是能够培养学生对语言规律性的认识,以及在此基础上利用有限的语言材料生产无限句子的能力,而交际法的优势则在于让学生在很短时间内提取出记忆的组块并将其应用于语言交际中。翻译法的劣势在于学生分析语言结构规律的能力较难马上被运用到语言交际中,并有可能生产出不是非常地道的句子,而交际法的劣势则在于对目的语的语法体系没有完整全面的掌握且学生需要记忆大量没有明显规律的语块体系并在交际场景中迅速提取应用,对学生的记忆容量提出了较高的要求。因此翻译法与交际法两种外语教学法的结合一般被认为能取得更好的教学效果。

第六节　小结

　　总而言之,翻译法在古典时期包括语法翻译法、词汇翻译法、翻译比较法三个教学体系,其共同特点是都强调翻译、对比在外语学习中的作用,这也是翻译法区别于其他教学法的特征。其中语法翻译法是最能代表翻译法的方法,以强调语法教学、采用翻译作为主要教学手段为主要特征。翻译法作为一门历史悠久的教学法,对欧洲早期的外语教学以及现代外语教学初期都发挥了重要作用,在世界范围内也具有一定影响力,我国主要被运用在公共英语教育中。随着其他外语教学法的兴起,翻译法也受到许多质疑和批评,而翻译法自身也在进行积极的调整,如结合其他学科知识而发展出了近代翻译法。近代翻译法集中突出了翻译法的优点即重视对学生阅读、翻译能力的培养,重视词汇、语法知识的积累,通过对比的手段让学生发现母语和外语之间的差别规律。而其依旧没能处理的是翻译法固有的缺点,即没有为学生建立语言知识和课文之间的桥梁,学生的语言知识积累很多,但却较难将其运用在实际应用场景中。而现在的研究多认为,翻译法的这一缺陷可以通过和其他教学法的结合得到弥补。

参考文献

1. 章兼中.国外外语教学法主要流派[M].福州:福建教育出版社,2016.
2. Howatt A P R & Widdowson H G. A History of ELT [M]. Oxford University Press,2004.
3. Kelly L G. 25 Centuries of Language Teaching [M]. Rowley,Mass.:Newbury House,1969.
4. Richards J C & Rodgers T S. Approaches and Methods in Language Teaching [M]. Cambridge University Press,2014.
5. Smith K. Logic and the Workings of the Mind:The Logic of Ideas and Faculty Psychology in Early Modern Philosophy [J]. The Review of Metaphysics,1999,52(4):940-941.
6. Stern H H & Tarone E E. Fundamental Concepts of Language Teaching:Historical and Interdisciplinary Perspectives on Applied Linguistic Research [M]. Oxford University Press,1983.
7. Titone R. Teaching Foreign Languages:An Historical Sketch [M]. Georgetown University Press,1968.

第三章

直接法

直接法(Direct Method)是语法翻译法之后外语教学法中又一具有代表性的教学法,它的出现曾引起激烈的争辩,但最终还是证明了其独特的价值,其影响范围之广、持续活跃时间之长都是空前的。如果说注重书面阅读、理解、书写、翻译等技能的培养,教学过程中严重依赖母语的语法翻译法是传统外语教学法的代表,那么直接法则经常被视作新式教学法的代表。不同于语法翻译法强调翻译和阅读能力的培养,直接法强调培养学习者的口语能力,认为可以通过发展学习者的口语能力来带动其在其他语言技能上的提高。不同于语法翻译法教学过程中严重依赖母语,直接法在教学过程中排斥母语的介入,强调学习者通过直接使用目的语的方式学习目的语,并致力积极培养学习者直接使用目的语进行感知和思维的能力。

直接法的教学特点从教学法的名称上也可见一斑。所谓直接,即在外语教学过程中排除母语干扰,帮助学习者直接将目的语与实物、动作、图片等建立联系,使学习者通过口语表达进行强化并逐渐掌握目的语。除此之外,直接法还有诸多别名,如自然法、口语法、现代法、新式法、非语法翻译法等。将其称为自然法是因为其曾试图模仿幼儿自然习得母语的特点规律教授目的语;将其称为口语法是因其在教学过程中重视口语、语音等的教学;将其称为现代法、新式法、非语法翻译法是因其一直被作为传统语法翻译法等传统外语教学法的对立面被塑造。本章将重点从直接法产生的历史背景、理论基础、教学过程、影响与评价等方面对其进行介绍。

第一节　历史背景

直接法的产生与流行和当时盛行的语法翻译法越来越无法满足人们学习要求的背景关系紧密。19 世纪以来欧洲资本主义的迅速发展使得外语成为国与国之间的壁垒、促进商业沟通的重要敲门砖,外语教学越来越向着实用性的方向发展。当时的外语学习者迫切需要在外语学习中迅速掌握与外国人沟通的语言技能,口语能力培养在语言学习中的重要性被凸显出来。由丁此前流行的语法翻译法以母语为主要教学媒介,注重学习者书面理解能力、翻译能力的培养,落后于时代需求,大批语言学家开始重新审视当时公共教育中的外语教学方式,开始钻研具有独创性的教学方法以实现对现代语言教学的颠覆。其中法国的 C. 马赛尔(C. Marcel)、英国的 T. 普伦德加斯特(T. Prendergast)和法国的 F. 古安(F. Gouin)等都提出了各具特色的创新性教学方法,但由于其与此前建立的教育范式的内容之间距离较远,且当时缺乏专业的协会、杂志或会议等传播媒介使他们的观点为更多人知道,因此他们的新想法未能发展为教育革命,影响力有限。到了 19 世纪末期,一些更注重实际的语言学家和语言教学家如英国的亨利·斯威特(Henry Sweet)、法国的保罗·帕西(Paul Passy)等开始通过撰写相关书籍、小册子、文章及发表演讲等方式表达对新教学方法的需求和设想,成为后来著名外语教学改革运动的主要成果。此外 1886 年国际语音协会成立,其针对语法翻译法的缺陷提出应该重点教授口语、进行语音训练、使用归纳法等外语学习的原则,也为直接法的产生发展提供了重要基础。

直接法正是在这一历史背景下应运而生并结合当时同时期不断成熟壮大的心理学、教育学的成果。从 19 世纪中后期到第二次世界大战的七八十年间诞生了大批直接法理论家与实践家,大量相关研究与著作问世,其影响遍及全世界。直接法的发展壮大是众多语言学家与语言应用学家共同努力的结果,其中较有代表性的是德国的 F. 弗兰克(F. Franke)、V. W. 菲埃托(V. W. Vietor)、M. D. 贝立兹(M. D. Berlitz),法国的古安和美国的 L. 索维尔(L. Sauveur)等。

弗兰克和古安主要从心理学的原理出发提出了直接法应该遵循的核心教学原则。弗兰克使用心理学原理阐释了在目的语中建立形式和意义之间直接联系的可能性,并为外语教学中仅使用目的语进行教学的方法提供理论上的支撑。

他认为教授一门语言的最佳方式是积极地在课堂中进行使用,而非对其语法结构进行分析。因此,教师必须在课堂上鼓励学习者直接而自发地使用目的语,而学习者在使用目的语的过程中能够自发地推导出语法结构。在学习的早期阶段,教师替代了课本的作用,通过模仿教师的发音,学习者对发音系统进行系统了解后开始学习会话。弗兰克也提出了教师应当使用已经学习过的词汇以教授新词汇。这些原则为后来直接法的诞生奠定了重要基础。

法国外语教学法专家古安同样结合心理学理论,认为应当使用归纳的途径教授语法。他凭借对儿童记忆特点的洞察,提出一系列在上下文意义上有联系的动作并按照先后次序编成的句子,这些句子最符合记忆特点,应该将其作为外语学习材料。同时他认为教师应当使用情境和主题作为组织和展示口语的线索。这些发现不仅成为直接法实践过程中的重要参考,也对以后的教学法产生了持久的影响,如"古安强调在语境中明确教学对象的意思以及使用手势行动等传递话语意思,成为之后情境教学法和全身反应法的原型"(Richards & Rodgers 2014:8)。

19世纪心理学的发展为教学实践提供了不少新的视角,同时外语教学自身也经历了巨大的变革,其中最为著名的便是19世纪80年代轰轰烈烈展开的外语教学改革运动。在这一运动过程中,直接法在民间学术团体和学术刊物的推动下被欧洲各国了解并迅速得到重视。直接法最初由一些狂热的推崇者首先在法国、德国等地进行介绍并推广,在当时甚至被一些欧洲国家的教育局指定为法定教学法进行推广,足见其当时在外语教育界的地位。

菲埃托是最早提出直接法构想的先驱者,他在教学改革运动中发挥了重要作用,通过文字猛烈批判语法翻译法的主张,并从自身擅长的语音出发提出应该在外语教学过程中重视正确的外语发音。索维尔和贝立兹则主要从实践角度验证了直接法的可行性。索维尔于19世纪60年代后期在波士顿开办语言学校,他在目的语教学过程中加入高强度的口语活动,并将提问视作展示和引出语言的方式。很快他的教学方法获得了学界的注意并由于其特征比较接近幼儿自然习得母语而被称为自然教学法。索维尔等自然教学法的推崇者强调目的语的意义可以通过展示和动作等方式进行直接传递,而不需要通过翻译或使用学习者的母语进行教学。直接法的另一代表人物贝立兹以创立"贝立兹外语连锁学校"并在教学过程中积极践行并推广直接法所提倡的教学思想而闻名。但实际上贝立兹一直将其在学校内使用的教学方法称为"贝立兹法",而从未曾将其称为"直接法"(Richards & Rodgers 2014:8)。由于索维尔和贝立兹所创办的语言学校取得了商业上的成功,直接法在美国也获得较高的知名度,影响力得到进一步提升。

虽然直接法在当时的欧洲非常盛行,然而也有部分学者指出了其存在的局限并提出了理性的建议。如斯威特便认识到直接法的局限并为直接法提出了一系列创新性的教学建议,但他的建议集中于强调在课堂中只使用目的语,而未能解决更为基础的问题,被指为缺乏完善的方法论基础。从整体上来看,斯威特和与其同时代的应用语言学家认为需要发展并形成一套语音教学方面的方法论。而一直到 20 世纪 20 年代,应用语言学家才对早前改革运动所提出的原则进行了系统化的努力,其成果成为英语作为第二语言教学法的基础。在我国直接法最初受到极大关注要追溯至 20 世纪三四十年代,主要倡导者以张士一先生为代表,其编写的教学法读物与初高级中学英语教程标准对直接法在我国外语教学中的推广和传播起到了重要作用。

第二节　理论基础

18 到 19 世纪人们对现代语言使用的需求变化以及心理学、教育学与语言学的快速发展对外语教学提出了全新的要求,迫使外语教学做出积极的自我调整,而这种努力也积极吸取了心理学、语言学发展的成果。

一、心理学的理论基础

直接法所强调的听说领先的原则受到心理学原理的启发。此前语法翻译法从文字入手先教字母的教学顺序为刚开始学习的学习者设置诸多障碍,且在后续的学习中强调语法学习,学习者使用目的语进行交际的机会少之又少,难免挫伤学习者学习的积极性。而直接法以马上能进入使用的句子为教学单位,在教学过程中以重复为重要手段,强调让学习者听懂且能正确复述或重现所听到的外语词语或句子,从而使学习者能够较快地将课堂学习知识应用到现实生活中的外语交际场景中,让学习者觉得学有所用的同时增强其外语学习的动力。直接法对口语表达的重视是区别于语法翻译法的另一个重要因素,由此也带来了对学习者正确的语音语调的强调,学习者在掌握了更为准确的语音语调后更容易在交际中获得正面的反馈,从而进一步激发其学习的热情与动力。

直接法以交际为目的,强调以句为单位进行外语教学。这是由于很多单词的意义只有在具体的句子中才能得到确定,学习句子的过程必须包括对句子中单词意义的理解。从心理学层面来说,相比各自分离、毫无关联的单词,由互相关联的单词组成的句子更容易引起学习者的兴趣,也更容易记忆及使用到交际场景中。同时直接法强调复习,要求教师在课堂教学中结合展示、图像等多种形式使用学习者已经知道的目的语词汇解释新词汇或语法点。这一过程既能达到重复、加深记忆的效果,又能使学习者在大脑中建立已有知识之间以及已有知识和新知识之间的联系,达到对已有知识复习、巩固及拓展的效果。

直接法教学过程中要求教师使用外语进行教学,这种要求来源于心理学所提出的联想在记忆过程中发挥重要作用的观点。教师在使用外语教学的过程中,能使学习者熟悉目的语交际环境,逐渐培养语感。此外,直接法还要求教师在教授过程中尽量使用直观的事物,如实物或图片等,这一方法能帮助学习者更好地建立目的语和物理世界之间的联系,引起学习者自发的联想,从而实现更好的记忆效果。

二、语言学上的理论基础

直接法的提倡者认为两种语言中的词语、语法等没有完全一一对应的关系,因此语法翻译法试图在两种语言之间建立联系的做法存在一定局限。此外,在学习者学习外语的过程中加入翻译步骤增加了学习者学习目的语过程中的步骤,即部分学者称之为"心译"的过程。一旦学习者养成了先进行目的语与母语之间的互译后再进行理解或输出的习惯,不仅减慢了学习者语言理解和加工的速度,也不利于学习者"用外语思考"能力的培养,即学习者很难培养出目的语语感。

在这种背景下,直接法的提倡者提出应该在目的语词语的声音、文字与其在物理世界对应的意义之间建立联系,认为只有这样才能缩短"心译"过程所耗费的时间,使母语在目的语学习过程中的作用逐渐弱化,从而使学习者逐渐接近目的语交际中的正常速度。

第三节　教学过程

直接法强调学习外语和幼儿自然习得母语之间的相似性,因此直接法的目的主要包括:①通过帮助学习者在语言和经验、单词和概念、表达与观点之间建立联系,帮助学习者直达目的语的世界;②使学习者学会如何使用目的语进行沟通;③学习者应该以学习母语的方式学习目的语,但同时学习过程中应该意识到母语的存在(Muthuja 2009)。

由于直接法倡导教学过程仿照"幼儿自然学语"的原理,在学习教材上不像语法翻译法一样使用古典书面语,而是提倡将当代通用语言,即人们日常使用的"活语言"作为基本学习材料。虽然直接法倡导以幼儿学习母语的方法学习外语并鼓励学习者多进行口语训练,但值得注意的是直接法并不是让学习者在生活环境中自然习得外语,而是提倡在教学过程中借鉴儿童学习母语时的一些重要、有效的原则,在具体教学中还是主要以课堂形式进行。

一、直接法的总体原则

总体而言,直接法在课堂教学中需要遵循的原则主要包括目的语教学、句本位及以归纳法学习语法规则等。

1. 目的语教学原则

直接法提倡课堂中使用目的语进行教学,反对母语进入课堂。这是直接法区别于语法翻译法的一个最大特征,也是识别直接法的一个重要渠道。从幼儿习得母语的特点而言,幼儿学语时一直沉浸在母语环境中,并直接在母语与客观世界以及抽象意义之间建立联系,受到这一特点启发,直接法要求教师直接使用目的语进行教学,并且要求在教学过程中使用直观方式以在目的语和客观表象之间建立直接联系,不借助母语在中间起中介作用。其结果是一方面虽然学习者初期可能需要一定时间的适应,但当学习者逐渐建立起使用目的语进行思维的习惯,其口语交际时的反应将大大得到提升,在高级阶段的学习中相比依赖母语和目的语之间翻译的学习者也更有优势。另一方面,教师使用目的语进行教学也有利于学习者进行口语表达上的模仿。直接法强调交际的重要性,而相对标准的发音能使交际更为顺畅。幼儿习得母语发音的方式便是观察并模仿身边人说话，因此直接法认为，要让学习者掌握相对标准的发音，可以让他们观察并模仿以目的语为母语者的发音，课堂教学中的教师便成为学习者重点模仿的对象之一。

值得注意的是，最初的直接法完全杜绝母语的使用，而在后期由于直接法受到新教学法的挑战，在谋求变化的同时不得不与其他教学法进行折中，因此开始在某些特别情况下允许母语及翻译练习的介入。

2. 句本位原则

直接法在教学过程中遵循句本位原则，这主要是因为幼儿学习母语时没有学习字母、单词、语法，再将其拼合为句子进行交际的过程，而是直接通过听和模仿的方式在句子的发音和意义（功能）之间建立联系。而人们学习文字是出于阅读、书写等要求下衍生出来的，因此即使不能识别文字，一般也不影响日常生活中的口语交际。在这一现象的启发下，直接法提出应将口语学习放在阅读学习之上，且在口语学习过程中应该以句子为单位进行教学，学习者在掌握现成句子的情况下不仅有利于正常速度的交流，还能在掌握句子的情况下进一步学习句内的单词，在句子和单词的学习达到一定量之后，学习者可以学习利用替换的方式构造新句子。从而在学习者开始学习文字前就能基本掌握目的语的基本语法结构，而此后再通过归纳法等进行语法学习。

3. 以归纳法学习语法规则

直接法要求学习者在口语表达上达到一定水平后便可进入语法规则的学习，并且在学习方式上采用归纳法。观察幼儿学习母语的过程可发现他们最初并不学习语法规则，而是在进入学校学习文字以后，教师在其已经通过口语掌握的语法规则的基础上对其进行归纳、深化，并进行应用练习。直接法从中受到启发，提出语法规则的学习应该在学习者通过语言应用掌握目的语的基本语法结构之后，以归纳方式让学习者总结出语法规则的特征。由于语法翻译法强调首先学习语法规则并采用演绎法方法进行强化，学习者很难在初始阶段便了解语法规则的使用场景，所以难免需要死记硬背。而直接法则更强调对语法规则的实际掌握，因此语法规则的学习是建立在学习者已经掌握但可能并未完全洞悉背后规则的基础上，以归纳方式帮助其理解并记忆其在口语表达中已经有所了解的语法规则。

二、直接法的课堂特征

直接法所倡导的教学原则在具体的课堂中需要教师贯彻执行,因此直接法要求教师在课堂中遵循以下具体原则:①教室内指令语都使用目的语;②语言学习初级阶段只教授日常词汇和句子,语法、阅读和写作在中级阶段引入;③通过精心设计的逐渐进阶的小班培养学习者的口语能力,课堂主要以教师和学习者的问答方式组织;④以归纳方式教授语法;⑤以口头方式教授新内容;⑥通过展示、物体和图片的形式学习实词,通过词汇间的联系的形式学习抽象词;⑦教师同时教授表达和理解;⑧教师强调正确的发音和语法;⑨课堂80%时间应该由学习者进行发言;⑩从学习初始阶段就教学习者如何提问和回答。直接法中的一个必要因素是教师变换教学的场景,即在不同的应用场景中教授相同的教学内容。这使得课堂更接近于"真实的世界",且允许教师在其中加入具有迷惑性、语言使用中常见的有机变量以分散学习者的注意力(Societe Internationale des Ecoles Inlingua 1999)。

为了将直接法的理论与原则落实到实际的教学中并达到良好效果,直接法的提倡者创作了不少可供课堂使用的技巧,特别是口语训练方面的技巧。例如:①问答练习——教师提出各种形式的问题让学习者回答;②听写——教师选择适合学习者水平的文章并大声朗读;③大声朗读——学习者轮流大声朗读文章、喜剧或对话的片段;④学习者自我纠正——当学习者犯错了,教师通过选项给予第二次机会;⑤对话练习——给学习者向其他学习者或向教师提问的机会,这使得教师-学习者和学习者-学习者间的交流成为可能;⑥片段写作——学习者被要求使用自己的话写作(Muthuja 2009)。

值得注意的是,以上所提及的直接法的原则更多地使用于外语学习的初始阶段,一般遵循以上原则但并不一定完全遵守。在外语学习的更高阶段,由于对学习者的外语能力培养提出了新的要求,教学原则可能做出相应调整,直接法的典型性可能有所下降。对中级和高级的学习者,教师可以根据他们的水平适当跳过字母、单词、句子或概念等元素的介绍,以免他们因过多的复习而感到沮丧。此外,也可以教授学习者认识字母或文字并开始尝试在纸上或黑板上进行书写。中高级水平的学习者还被要求了解发音的细微差别,如一个国家内的方言差异等(Societe Internationale des Ecoles Inlingua 1999)。

第四节　影响与评价

一、直接法的优势

第一，直接法的提出给当时语法翻译法独大的外语教学界带来了新鲜活力，使人们对于外语教学法的规律产生了全新的认识，使得当时的外语教学界朝着思维更活跃、创新更积极的方向前进。同时，作为语法翻译法的对立面提出的直接法，也对当时落后于使用者需要的语法翻译法形成了巨大的刺激作用，使其开始思考如何发挥自身长处、改进自身缺点，以求与直接法分庭抗礼。

第二，直接法在当时的私人语言学校获得了相当不错的效果，如贝立兹的连锁语言学校。这些学校的特征是学习者具有较高的学习动机以及一般使用说母语的教师。在学习过程中，直接法的优势在于：①由于排斥母语介入，学习者对目的语的理解能力逐渐增强，在目的语语音和意义之间建立直接的联系，有助于听力提高；②能提高口语和书面表达能力，同时能较快提高词汇量；③有利于学习者语感的培养；④引入各种活动，使得课堂生动有趣，学习者参与度高（Naik 2013）。

第三，直接法对语言教学的整体向前发展做出了贡献。由于直接法特别注重口语能力的培养，推动了语音研究的迅速发展。此外，直接法还创造出许多对后世有深远影响的练习方式，特别是在口语训练方面。这些方法上的创新对于学习者口语能力的培养，提高学习者在课堂中的积极参与度等都具有重要作用。

第四，直接法为之后其他语言教学法的涌现与活跃创造了良好条件，开启了方法时代的大门。同时直接法提倡者提出的一些观念想法直接启迪了之后在美国兴起的听说法及在英国兴起的情境法。直接法不仅在当时对欧美等国的语言教学具有开拓性意义，对于之后教学法的兴起与发展也具有启发性的意义。

二、直接法的不足

第一，虽然直接法一度受到热烈推崇，但直接法很难大规模地运用到公立初中的外语教学中。这是因为直接法过度强调幼儿学习母语和在教室里学习外语之间的相似点,而且直接法忽略了部分教学内容在教室内不具备实际可操作性。

第二,直接法欠缺应用语言学上严格而扎实的基础,这也是直接法饱受改革运动中提倡学术基础者诟病的原因。

第三,直接法对教师的要求很高,依赖教师水平大于课本。教师需要以目的语为母语或目的语水平接近于母语使用者。但是并非所有教师的语言能力都能达到在课堂中执行直接法的水平。有批评者指出,教师完全依照直接法的规则进行教学反而会带来反面效果,因为直接法要求教师完全避免使用学习者的母语,而有时使用学习者的母语对某些知识点进行简明扼要的阐述反而有助于学习者的快速理解,提高学习效率。

第四,直接法从幼儿学语的原理出发形成了基本的教学原则,使得许多直接法的提倡者过于强调两者之间的相似之处而忽视了母语学习和外语学习之间存在的差异。幼儿学习母语的过程一般是一门语言单独进行或个别情况下两门或多门语言同时进行。而外语学习者在学习新外语时,大脑中已经形成了母语或其他外语的体系,因此外语学习需要在这些语言之间进行切换,难免受到其他语言的干扰而在目的语的使用过程中出现偏误。该情况下如果教师能适时向学习者提示不同语言语法规则、词汇意义之间的差异,往往能达到事半功倍的效果。此外,幼儿学习母语与外语学习者学习目的语时年龄上的差异带来学习能力上的差异也被直接法忽视了。相对来说,外语学习者的记忆力、模仿能力没有幼儿那么强,但是其逻辑推理、规则归纳、抽象思考等方面的能力已经得到一定程度的开发,而直接法主要将关注点放在幼儿学习母语的特点上,要求外语学习者按照这一特点学习目的语,未能考虑并结合外语学习者的实际情况,制定出更符合其学习规律、结合两者特点的学习方法。

第五,直接法在教学过程中极度排斥母语的介入,直接法的早期代表人物贝立兹和古安甚至一度提出"绝对排除本族语"的口号,虽然这种原则在一定程度上为学习者创造了严格使用目的语的环境,但另一方面又难免矫枉过正。有时一些只需要使用学习者母语进行简单解释即可讲清的知识点,由于教师被严格要求不能使用母语而导致课堂时间的浪费及教师精力的耗费。

三、直接法的影响

一直到 20 世纪初期,直接法在欧洲仍然非常流行,而 20 世纪 20 年代开始,直接法在非商业性场合的使用不断减少。即使是直接法应用较为广泛的法国和德国，以语法为基础的活动也开始被加入到直接法教学中。直接法在欧洲的流行也对美国部分语言学专家产生触动，他们开始尝试将直接法运用于美国的学校及机构，当然相比欧洲他们显得更为谨慎。随着直接法在美国的应用过程中的局限，如外语教学课时的限制、教师能力的局限、大部分美国学习者并不认可口语能力在语言学习中的决定性作用等，越来越多的美国语言学专家意识到仅靠一种教学法很难达到理想的学习效果。在课堂中将重心集中于对话教学的想法逐渐被否定，取而代之的是对外语阅读能力的逐渐重视，而阅读能力的培养则被认为需要通过让学习者阅读简单书面材料的形式不断引入新词汇和语法结构（Coleman 1983）。

对于直接法在运用过程中面临的质疑与挑战，直接法自身也做出了适应与调整。首先体现在从最初对母语介入的绝对排斥到逐渐放宽母语在教学过程中发挥作用的限制。G. 文特（G. Wendt）首先提出只有在特殊情况下才能运用外语译成本族语的翻译，即在客观上确实有困难时才能使用（拉赫曼诺夫 1958），此后部分学者开始承认翻译在教学过程中作为检查手段的合理性，但仍强调翻译的检查作用应该放在最后，代表着与语法翻译法进行折中努力的开始。20 世纪初到第二次世界大战期间，直接法的发展已经步入了后期也是成熟时期，以H. 帕尔默（H. Palmer）为代表的学者对直接法体系发起了重要改革，强调将母语作为解释意义的首要手段。M. 韦斯特（M. West）在这一基础上更强调将阅读作为外语学习的中心。他们虽然都还属于直接法体系，但其观点显然已经呈现出了多样化、与语法翻译法折中的明显趋势。

直接法经历挑战与变革的过程也伴随着人们对外语教学方法中一些核心问题的思考与提出：①语言教学的目标应该是什么？语言课程应该教授对话流利度、阅读、翻译还是其他技巧？②语言的基础本质是什么？它如何影响教学法？③决定语言教学中素材的标准是什么？④什么样的组织、排序及展示规则能够最好地促进语言教学？⑤母语应该在外语教学中扮演什么角色？⑥学习者在掌握一门语言的过程中遵循怎样的规律，这些规律是否能够与某种方法较好地融合？⑦怎样的教学技巧和活动在何种情况下能够发挥最佳效果？（Richards & Rodgers 2014）在对以上问题的探讨过程中人们似乎开始意识到，仅靠一种教学法很难完满解决以上难题，因此试图在语法翻译法和直接法之间找到折中方案，将直接法的某些原理加入到语法翻译法的体系中继而形成混合法,最好地发挥出两种教学法各自的优势。他们希望设立恰当的教学目的,考虑学习者的实际需求以及精神需求,在不同教学法中选择匹配某项教学目的的特定方法,并考虑在不同场合下所需要采用的不同方法。20世纪50年代兴起的听说法正是在汲取语法翻译法和直接法长处的基础上科学地处理了两者的分歧并形成自身的特点。

第五节　小结

直接法在时代发展背景下伴随着新的现代语言学习需求而产生,与语法翻译法呈现出明显的差别。直接法从幼儿学习母语的特点中获得启发,在教学过程中强调口语训练,反对母语介入,为语言教学提供了一套较为完整的方法并在练习方式上实现了创新。然而由于直接法自身存在的绝对化的特点以及教学对教师及环境的高要求,在获得热烈讨论的同时也经历了自身调整和来自外界的改革以及将其与语法翻译法进行折中的努力。总而言之,直接法是19世纪后半期以来不同教学法的兴起和没落过程中最先进入外语教学者和专家视野的教学法,为之后各种教学法提供了启发与借鉴,影响遍及全球。

参考文献

1. 拉赫曼诺夫. 新西欧外语教学法简史[J]. 载刘相国、扬憨辉译. 俄语教学与研究,1958
   (4).
2. 章兼中. 国外外语教学法主要流派[M]. 福州:福建教育出版社,2016.
3. Berlitz M D. Method for Teaching Modern Languages [M]. MD Berlitz, 1917.
4. Coleman A. The Teaching of Modern Foreign Languages in the United States: A Report
   Prepared for the Modern Foreign Language Study [M]. Macmillan Press, 1983.
5. Muthuja B. Teaching of English-ii [M]. Centrum Press, 2009.
6. Naik H S. Content-Cum-Methodology of Teaching English [M]. Sapna Book House,
   2013.
7. Richards J C & Rodgers T S. Approaches and Methods in Language Teaching [M].
   Cambridge University Press, 2014.
8. Societe Internationale des Ecoles Inlingua. Inlingua Teacher Manual (3rd Edition) [M].
   Berne Switzerland, 1999.

第四章

听说法

听说法（Audio-lingual Method），顾名思义是将"听说"作为主要教学目的和教学手段的外语教学法。听说法诞生于 20 世纪 40 年代第二次世界大战爆发之后的美国，与口语法及情境教学法一样将行为主义心理学作为自己的理论基础，同时受到美国结构主义语言学研究成果的直接影响。听说法将培养学生的口语表达能力作为最重要的目标，特别是在英语对外教学领域，因此也被称为"口语法（Oral Approach）"。同时由于听说法认为听力是口语的基础，因此他们主张应该先让学生充分地"听"，之后再在这一基础上"说"，因此在教学过程中遵守着"听-说-读-写"的顺序。而在此前的外语教学中，虽然也有测试学生听力理解水平的练习，却几乎没有系统性地培养发展听力能力的教材。因此注重对听力能力的培养也是听说法不同于其他教学法的重要特征之一，也更好地概括了这一教学法的主要教学目的和内容，而成为被较为广泛接受的名称。此外，由于听说法受到美国结构主义语言学的影响，强调通过对语言的句型结构进行反复、机械的操练以培养学习者养成语言学习习惯，并最终达成对目的语的自动化运用，因此也被称为"结构法（Structural Approach）""句型法（Pattern Method）"等。由于"听说法"诞生的背景是第二次世界大战爆发后在美国出现了短时间内迅速培养大批能够熟练听说外语的人才的需求，当时美国的陆军学校多采用听说法，因此听说法也被称为"军队法"（Army Method）。

听说法在战争背景下出于迅速培养学习者听说能力的要求而应运而生，而战争结束后也由于其强烈而直接的目的性以及在教学原则上对其他教学法的优点进行了折中而受到推崇,被推行到了学校的外语教学中,成为五六十年代在美国和西方各国风行的外语教学法。在我国的外语教学法发展历史上也占有着特殊的位置,特别是在英语教学上曾一度成为主流的教学法。日本的小川芳男将其称为教学法的科学时代的具有代表性的教学法体系。本章将就听说法的历史背景、理论基础、教学过程、影响与评价等进行详细的介绍。

第一节 历史背景

当英国的语言学家及应用语言学家开始思考并实践如何促使英语教学内容、教学顺序等向着更为科学化、系统化的方向发展的时候,美国的英语二语教学中仍然采取改良的直接法、阅读法或阅读-口语法,相比口语实践能力更为偏重阅读的教学。而对于进入教材的语法和词汇的选择全凭编写者的喜好或经验,对于不同阶段的学习者应该学习哪些词汇和语法也缺乏足够的重视。与英国语言系统化、科学化教学的萌芽相比,美国在两次世界大战之间的外语教学的发展并未取得很大的进步或改善。这是因为一方面美国社会普遍不重视外语教学;另一方面在教学中更强调阅读教学,而普遍忽视对外语口语能力的培养。20世纪四五十年代左右,随着美国对外影响力的增强,越来越多的外国学习者来到美国学习英语,同时美国与其他国家之间的交流与联系也日趋紧密。美国当时落后的外语教学显然已经不能满足新的时代形势的需求,特别是1957年第一个苏联卫星的发射进一步刺激了美国。为了不让自己在科技迅速发展的时代中被他国孤立,美国政府在承认外语教育急迫性与重要性的基础上鼓励外语教育的改革。当时以结构语言学家为代表的研究者针对美国本土的外语教学以及英语对外教学中的弊端和问题,掀起了美国语言教学的改革。其中的代表人物主要是 W. R. 帕克(W. R. Parker)和 C. C. 弗里斯(C. C. Fries)。帕克等人通过会议和一系列的方案提出将战时听说法的教学原则运用于普通学校的语言教学的设想,并建议应该对教师进行培训,以提高他们语言分析以及将其运用于语言教学的能力。由此美国的许多学校开始采用听说法进行外语教学。弗里斯作为卓越的语言学家及外语教学法专家,在英语作为二语教学的领域积极推动了"口语法"的应用与发展。他在美国密歇根大学创办了美国首所英语研究所,该研究所开设了各种短期英语培训班,为拉丁美洲培养了大批掌握英语的人才。在教学过程中该教学法提出结构和语法是学生学习的首要任务,因此学生必须记住必要的词汇和结构。此后弗里斯还将新行为主义的观点融入进了这一教学法中。值得注意的是,弗里斯为了更好地推广"口语法",编写了大量供听说法课堂使用的教学参考书及相应教材。包括通用的《英语句型操练》(*English Pattern Practice*)、《英语结构》(*Structure of English*)以及专门针对拉丁美洲学生的《拉丁美洲学生用英语速成教程》(*An Intensive Course in English for Latin-American Students*)等等。此后按照听说法的理念编写而成的用以教授英语或其他语言的教材逐渐增多。但弗里斯是较早对听说法进行英语教学以及理论和实践探索的学者,并撰写了《口语法》(*On Oral Approach*)、《作为外语的英语教学》(Teaching and Learning English as a Foreign Language)以阐释"口语法"的教学理念与原则。而由其独立编写或与他人合著的教材成为英语教学中的重要材料,因此被认为是听说法的创始人。随着听说法的迅速发展壮大,更多的美国结构语言学家及教学家从不同的视角对听说法的主要教学原则进行了概括,以帮助教师更好地在课堂上进行实践。

除此之外,为听说法的诞生和发展壮大奠定重要基础的是此前美国在第二次世界大战时期用于短期内培养外语人才而采用的"军队法"。日本偷袭珍珠港后美国决定加入第二次世界大战的队列,战争的需要迫使美国政府不得不派遣大批青年军人到德国、法国、意大利、中国等国家,而由于此前美国整体对外语教学特别是口语教学的忽视导致掌握外语技能的人才处于匮乏状态,美国不得不设立专门的语言教学机构并致力于在短时间内培养相关人员的外语能力,其中尤以培养军人的听说能力为主要目标以解决其前往相关国家后的生活问题。在政府的命令下,"军队专门训练方案"(Army Specialized Training Program)于1942年确立,1943年开始美国的55所大学参与使用这一方案对士兵进行外语培训。这一方案吸取此前结构主义语言学的理论与实践的成果,具有集中教学以及采取"军队法"的特征,在当时满足了短时间内培养掌握外语口语能力的人才的需求。虽然"军队专门训练方案"只持续了两年左右的时间,但由于其在短期的语言培训中取得了良好成绩而在媒体和学术圈中获得了很高的关注。而"军队法"得以在战争期间迅速形成并通过教学实践获得认可并持续发展的一个重要前提是此前语言学及心理学的研究成果的铺垫。

第二次世界大战开始之前美国结构主义语言学(Structural Linguistics)一

直处在持续发展的过程中，以 L. 布隆菲尔德(L. Bloomfield)为主要代表的美国语言学家从 20 世纪初便开始既研究本国人学习外语的特点，也研究外国人学习英语的问题，并一直致力于对美国本土语言的记录与研究。但由于当时能够对本土语言进行理论化描述的语言教师很少，因此语言学家只能通过观察记录语言的特征，也因此形成了对口语能力的重视。在此基础上发展起来的结构语言学于 20 世纪三四十年代达到发展的高峰，由布隆菲尔德撰写的《论语言》(Language)于 1933 年出版，对美国的结构语言学进行了全面的描述。美国的结构主义语言学强调语言学的研究应该遵循科学的路径，并强调对语言学的研究应该引入正式的数据分析模型。布隆菲尔德的著作，特别是其后期的著作中十分强调行为主义心理学的理念。美国结构主义语言学的影响力直到五六十年代诺姆·乔姆斯基(Noam Chomsky)提出生成语法的理念之后才逐渐走向衰弱。同一时期，结合了哲学、心理学、方法学等多学科成果的行为主义学习理论在美国占据主导地位长达半个世纪之久，并作为当时最为热门的学习理论进入外语教学研究者的视野。行为主义心理学是美国现代主要心理学流派之一，由美国心理学家 J. B. 华生(J. B. Watson)在 20 世纪初创立，主张采取客观的方法观察动物和人的心理，从而控制和预测有机体的行为。华生认为人和动物在行为上享有相同的"刺激-反应"的模式，并试图以这个模式解释大部分的心理问题，这一阶段被称为"早期行为主义"或"方法行为主义"。此后一些心理学家在继承华生刺激和反应规范的基础上发展出了"新行为主义心理学"，其中的主要代表人物是 B. F. 斯金纳(B. F. Skinner)。与早期行为主义不同的是，"新行为主义"或称为"激进行为主义"提出除了需要对有机体外在的、可视的行为进行观察之外，还要将有机体内在的思想、感情作为控制变量之一进行考察。斯金纳提出了操作性条件作用原理，并对强化原理进行了系统的研究，他认为能对有机体的行为是否会再次出现产生重要影响的因素包括对有机体的行为做出的肯定或否定的回应(奖赏或惩罚)。斯金纳将人类的学习看成是操作的一种，而为了取得理想的学习效果，则需要将强化作为操作条件作用，从而将教学程序进一步拓展为了"刺激-反应-强化"，结构主义语言学家接受了新行为主义心理学对学习行为的解释并将其作为推行军队法所依赖的心理学理论基础。

第二节　理论基础

听说法虽然在教学原则上受到来自其他教学法的影响,和口语法与情境教学法存在许多共同之处,但由于其主要在美国诞生与发展,因此对其影响最深的仍是于 20 世纪三四十年代迅速发展崛起的语言学与心理学的学派。

一、结构主义语言学

结构主义语言学是作为方法论的结构主义中的一个重要组成部分之一,也是听说法诞生并持续发展的重要语言学理论基础。结构主义语言学的诞生离不开瑞士语言学家 F. 索绪尔(F. Saussure)去世之后由其学习者整理并于 1916 年出版的著作《普通语言学教程》(*Course in General Linguistics*),他在该书中提出要把语言现象当作一个互相联结的、稳定的体系进行研究的概念,并将语言分析从历时带向了共时,因此被称为"现代语言学之父"。而我们现在所说的结构主义语言学一般指在索绪尔的理论体系影响下发展而来的学派,其中主要包括欧洲的结构主义语言学和美国的结构主义语言学。前者包括布拉格音位学派、丹麦的(哥本哈根)语符派以及捷克的功能学派,而后者则主要是以布隆菲尔德为主要代表人物的美国的结构主义语言学派,也由于其研究方法主要是记录口头语言,并对其进行描写和分析而被称为描写语言学派。布隆菲尔德对索绪尔《普通语言学教程》所作的书评曾经在美国产生过很大的影响,他的一些重要思想继承自索绪尔,如语言符号系统中所指和能指的关系,语言事实之间的关系比语言事实本身更为重要以及语言具有历时性和共时性,对语言的共时研究比历时研究更为重要,等等。在这些基础上,美国的结构主义语言学将描写和分析活语言作为研究重点,他们最先调查无文字的印第安语,在调查过程中他们如实记录该语言并对其进行描写和分析,总结其语法特征。当他们的研究拓展到了那些有文字的"活语言"时,他们发现许多"当地人"的口头表达与该语言的传统语法存在差异。与之前传统语言学忽视口语表达并试图用一种语言模式去解释不同语言的做法不同,他们将这些口语表达作为对该种语言进行描写和分析的对象。同时在对不同语言的结构进行描写分析的过程中,美国的结构主义语言学发现不同语言都有自己的语言结构特征,同一语系内的语言在语言结构上可能存在相似之处,在此基础上提出了对不同的语言结构进行对比分析,由此又出现了对比描写语言学。

除了在语言描写和分析上的成就之外,美国结构主义语言学还在外语教学的理论研究和实践上做出了很大的贡献。当时许多结构主义语言学家在研究语言结构的基础上都会涉及外语教学的问题,而弗里斯则主要致力于研究如何将结构主义语言学的研究成果运用到实际的外语教学中,并提出了结构分析、句型操练、对比原则等构成听说法核心元素的教学原则,因此被视为听说法的创始人。

二、行为主义心理学

行为主义心理学不仅对结构主义心理学产生了重要的影响作用,也是听说法、口语法及情境教学法的重要心理学理论基础。华生是行为主义的创始人,他提出使用客观的观察来观察人和动物的行为,使用"反应"代替之前研究中所指向的"感觉",并提出了著名的行为主义公式"刺激-反应",试图以这一公式解释涉及人和动物行为特征的心理学问题。斯金纳在华生的基础上进一步发展,提出了新行为主义理论,其核心理论形成于斯金纳在白鼠和鸽子身上所做的实验。这些成果主要体现于他的著作《互惠理论》(*The Behavior of Organisms*)和《强化程序》(*Schedules of Reinforcement*)中。其中最引人注意的是他通过对白鼠进行按压杠杆实验而提出的操作性反射理论,他发现动物的学习行为随着一个起强化作用的刺激而发生,即一个操作发生后,如果给予其强化的刺激,那么操作的强度便会得到强化,而相反如果在没有给予其足够的刺激,该操作则会逐渐消退。不同于此前的经典性条件反射的是,斯金纳的操作性反射理论更强调有机体对环境的主动适应,认为某一行为的强化或减弱由行为的结果或者说根据是否给予学习者相应的强化刺激所控制。他成功地通过调节强化的强度或频率从而引导出了白鼠或鸽子的不同反应,虽然不同个体在建立经典性条件反射的过程中可能存在差异,但个体所在的集体却显示出相同的趋势。此后斯金纳的研究重点逐渐转向了人类语言,他在 1957 年出版了《言语行为》(*Verbal Behavior*)以及其他与语言相关的书籍。

斯金纳的新行为主义理论被美国的结构主义语言学家所接受,他们认为语言教学的过程是教师给予刺激,学习者对刺激进行反应、强化的过程,而由于语言是高度结构化的体系,因此从学习者接触到掌握并能无意识地、自动化地运用这一体系,需要通过持续的模仿、操练使学习者对语言结构的使用自动化。然而斯金纳的观点也受到了包括乔姆斯基在内的众多学者的批判。对新行为主义的批评意见主要有两类:一是语言天生论的倡导者反对行为主义将语言视作可以通过一系列严格控制的条件而进行训练的习惯;二是认为由于行为主义的研究者更关注语言和外显行为之间的关系,而非语言习得的特征,因此对于语言学习这种变化快、复杂性高的行为而言,使用行为主义这种周期长的研究模式并不合适。

第三节 教学过程

一、基本原则

第一,听说法在战时诞生,其最核心的目标是在短时间内培养学习者的口语能力,并以学习者正确、地道地使用目的语作为目标,因此坚持认为学习材料应该使用当今人们日常所说的口语。不同于翻译法从书籍中选取片段作为学习材料,口语法提出应该使用"活语言"作为学习材料,如听说法的代表教材《英语九百句》就提供日常生活中可以运用的口语句子作为特征。

第二,听说法坚持认为口语是语言交际实现的根本,因此在教学实践过程中秉持听说在前、读写在后的原则。在学习者接触目的语的初始阶段,听说法要求学习者先学会听说,再开始读写。早期的听说法中听说和读写之间的脱节现象尤其严重,而此后的现代听说法则在这一方面进行了改善,开始尝试让读写促进听说。但总体而言,听说法的课堂要求对词汇、结构、课文等的教学都应先从听说开始,且课堂的大部分时间都用于对听说的训练。课堂中学生需要集中关注并模仿教师的发音、词汇、结构等方面,学生们应要求在教师的引导下进行正确的输出,如果输出内容有误则可能会收到来自教师负面的反馈。同时听说法对学生表达过程中的语音、节奏和语调准确度都提出很高的要求,特别是在学习的初级阶段,甚至一度曾要求教师有错必纠。听说法虽然也要求学生输出的内容符合语法规范,但课堂中并不会对目的语的语法进行详细的阐释。

第三,听说法坚持以句型教学为中心。听说法受到美国结构主义语言学的影响,结构主义语言学家在对语言现象进行观察和描写的过程中发现看似复杂的语言实则是由不同层次的结构构成的系统,因此认为语言学习中最基础、最重要的是对句型结构的学习。这种观念体现在听说法教材的编写和实际的教学实践都围绕着句型而展开。

第四,在语言知识的获得问题上,听说法认为不应把大量的时间花在讲解上,而应通过让学生进行大量的模仿、记忆、重复、交谈的实践活动养成自动化的语言学习习惯。这一观点受到新行为主义心理学的影响。由于听说法特别重视目的语句型的教学,因此听说法要求在课堂上对学生进行反复的句型操练以达到对句型快速而准确的反应。

第五,听说法还积极地采纳了对比描写语言学的研究成果,提出应对不同语言之间的结构差异以及语言内部的结构差异进行描写。对学生的母语和目的语之间的结构进行对比分析及描述能预先判断特定语言的群体在学习另一种语言时可能碰到的难点或容易产生错误的部分,并有针对性地进行教学以解决上述问题,进而提高学习效率。此外,听说法还强调在语言内部对比存在意义差别的语音、词汇、句子的最小对立单位,将其作为教材编写时的重要练习对象。在对不同语言进行对比的基础上进行外语教学的原则此前也曾经为翻译法所提倡,听说法在结合语言学发展的前提下再次重提并强调这一原则的采纳显示出了积极吸纳此前外语教学法中合理部分的努力。

二、教学过程

听说法对口语的重视使得其在课堂中要求教师对学习者进行尽可能多的口语指导,并要求教师使用目的语进行指导,而尽量避免使用母语或进行翻译。早期的听说法借鉴直接法的做法,完全排斥使用母语,而后期的听说法则开始允许适度的母语使用。教学对象保持在十个学生或以下被视作最佳状态。教师在使用听说法进行外语教学的过程中需要遵守以下要求:

(1)教师对所有的学习内容进行示范。

(2)将母语置于第二语言的从属位置,在学习新语言的过程中将母语保持在非活跃的状态。

(3)尽早开始并一直持续训练耳口,不依赖于书面符号。

(4)通过机械训练让学生记住句型的发音、顺序以及形式,而不进行解释。

(5)在学生较好地掌握了语音之后再逐渐引入书面符号。

（6）当学生已经熟悉了部分结构之后，教师应该为学生总结这些结构的总体规律，特别是当这些结构与学生的母语存在较大差别的时候。

（7）当学生做出回答或进行了某种发音之后，教师应该尽快给予正确或错误的反馈，但又不能打断学生的回应。这是加强学习强化效果的方式之一。

（8）在学完全部的常用句型之前，不扩大需要记忆的词汇量。

（9）在上下文语境中学习词汇。

（10）在学习过程中一直保持"说话者-听话者"模式操练语言。

（11）只有在学生的水平达到了高级水平之后，才进行翻译练习以训练写作能力。

（Brooks 1964）

值得注意的是由于听说法的强大影响力，其教学程序也成为外语教学家们研究的重点，不同的外语学家根据不同的标准对听说法的教学程序进行了不同的解读。其中被较为广泛接受的是美国布朗大学的教授 W. F. 特瓦德尔（W. F. Twaddell）根据听说法的原理和原则将学习过程分为五个阶段，分别是认识、模仿、重复、变换、选择。"认识"指的是学生将教师给出的语音信号与意义连接起来的过程，而"模仿"指的是学生在教师的反复示范下对新的语言材料进行模仿，由教师进行纠正。"重复"常常与"模仿"结合起来，目的是为了让学生能够对新的语言材料达到非常熟悉的程度直至能够背诵，也有学者将其称为"模仿-记忆"练习。"变换"是试图让学生活用记忆的内容的途径，主要表现为变换句子结构的练习如替换句子中的某一成分或直接改变句子的结构或功能词。"选择"则要求学生根据特定的情景或事件，在已经学习的语言材料中选择合适的句型、词汇等对其进行描述，意在培养学生在交际情景中进行口语实践的能力。这五个步骤显示了听说法教学的基本模式，而在具体的教学中也可能根据学生的水平或语言材料的难易程度等因素决定不同步骤的组合与时间占比等。本章所附案例更清晰地展示了听说法运用于汉语第二语言课堂的过程与特点。

（教案见书后本章附录，视频课请扫描以下二维码。）

第四节　影响与评价

一、听说法的影响

听说法在很多情况下听起来类似于同一时期在英国兴起的口语法,但是滋养这两种教学法的土壤是完全不同的,因此其对语言教学的主张也存在差异。如英国的口语法与情境教学法强调对词汇的科学教学,而听说法的教学重点则是句型,这主要是受到美国的结构主义语言学以及应用语言学的深刻影响,特别是应用语言学中的语言对比分析。由于当时应用语言学家认为可以通过将母语与其他语言进行系统的对比分析而减少在语言学习深入的过程中可能涌现出的问题,因此对比语言学在当时受到应用语言学家的重视。听说法认为语言学习的核心问题是解决不同语言之间的结构系统的差异(如母语和目的语语音和语法上的不同),在这种理念的基础上听说法制定了相应的对比原则。与此同时听说法的逐渐成熟也与教学实践关系紧密,当时的密歇根大学和其他大学一同开发出了口语法(或称为耳口法),这种口语法提倡先进行听觉的训练,然后进行发音训练、口语训练、阅读训练以及写作训练。在这种教学法中,语言学习等同于口语学习,而口语学习则等同于结构学习。这也是美国的听说法特别强调对句型的学习的原因之一。当时的密歇根大学的弗里斯以及耶鲁大学、康纳尔大学等高校的一些应用语言学家为这种教学法设计了可用于教学的教材。这些教材的特点是没有很强的教育学依据,主要依据语言学上的成果编写而成,并且广受欢迎。

此外,英国的口语法与情境教学法受到社会语言学与人类学研究成果的影响而特别强调情境在语言教学中的作用,而听说法虽然也采用直观教学的观点,提倡用归纳法教语法的原则,但这主要是因为继承自此前直接法的观点。因此两者虽然在某些原则上看似相似,实则出自不同的源头。正是在多种语言学、心理学甚至是教育学的多重作用之下,听说法在战争时期教学实践的过程中形成,并在战争之后学校的教学实践中逐渐完善与丰富。而值得注意的是,听说法之所以受到重视也是因为其背景的复杂决定了其能够对此前主要的教学法,即翻译法和直接法中的某些分歧进行科学的解决,同时也在教和学关系的协调上做出了积极的贡献。在其主要教学原则中,对比原则吸收了翻译比较法中对比原则的精华。听说法所提倡的培养习惯的观点则是从帕默尔(Palmer)20世纪20年代提出的培养学习者五种语言习惯中继承下来的。听说法对母语的态度,以及其强调直观教学、以归纳法教语法的原则等均来自直接法。听说法在这些原则的基础上从教育学的学习理论中吸取精华,落实到课堂上句型和机械操练的配合应用,形成自己的独特风格,在现代外语教学中曾发挥过巨大影响。

二、听说法的优劣势

听说法在历史特殊时期诞生,不仅在当时通过开设外语短训班为美国培养了大批掌握外语口语能力的人才,而且取得突出成效的是日语的培训,而此前日语一向被认为是欧美人很难学习的语言之一,因此听说法被认为在外语教学上卓有成效。战后听说法被拓展到普通学校的外语教学中,对外语教学界产生了深刻的影响,其在不同语言教学中取得的良好效果使其在20世纪60年代成为当时最为盛行的教学法。相比其他的教学法,其优势主要在于:

第一,有较为深厚的语言学理论作为基础,具体表现为将结构主义语言学的理论与教学实践相结合,并在这一理念下提出将句型作为外语教学中心的观点。

第二,在新行为主义的理论基础下提出培养学习习惯的理念,并将其落实为一整套的练习体系,对此后其他教学法的诞生和发展具有借鉴和启发意义。

第三,吸收了此前翻译法和直接法中的精华,如在基本的学习原则上同意翻译法的观点,提倡对学习者的母语和目的语进行对比分析,继而发现学习难点以避免在此后的学习中可能出现的错误,提高学习效率。而在学习内容的展示方式上则同意直接法,认为应该采取直观的、归纳的方式进行展示,训练学生的听说能力。

第四,相比于此前的翻译法和直接法等传统教学法,听说法提出"听说领先"的观念,表现出对语言实践能力的重视。

然而,听说法自身仍然存在一些劣势,这也导致20世纪60年代后期其受到认知心理学和社会语言学理论的挑战,其劣势主要包括以下几点:

第一,听说法强调对学习者听说能力的培养,而忽视读写能力的培养。且听说法对于学习者在实际交际中可能需要的技能也未给予很高的关注。

第二,在听说法的实施过程中,教师是整个课堂的主导,学习者只能被动配合,将学习过程等同于"刺激-反应"过程,学习者难以获得控制或主导的机会,因此学习者的智力和意识的能动作用被忽视了。

第三,听说法是一种机械的教学法,提倡通过大量的练习、操练和记忆过程来进行教学,而较少关注学习内容如何应用于现实场景中的问题。此外,在语言教学的过程中听说法更关注对语言形式的教学而忽视内容和意义的教学,从而导致学生可能已经能滚瓜烂熟地背诵一些结构,然而仍然不知道如何使用的情况。在教材的编写中也存在以结构为课文的主要内容而忽视意义的连贯性的问题。

三、听说法的衰落

20世纪50年代开始,听说法以及其背后的理论基础都逐渐开始受到挑战,其中最有影响力的当属乔姆斯基。他指出了听说法背后的语言学理论基础结构主义语言学所存在的局限,同时也对新行为主义是否能够解释语言学习的问题提出质疑。1965年,里弗斯(W. Rivers)发表的论文《心理学家和外语教师》对听说法进行了评论,由此引发了通过母语对学习者进行语法指导是否更为有效的讨论,同时伴随着人本教育学的发展、认知心理学的崛起等因素都加速了听说法的衰落。虽然听说法在70年代曾一度被质疑是否是行之有效的教学法,但不可质疑的是直至今日听说法还在被使用,只是一般不会作为一节课堂的主要教学法,而是与其他教学法一同使用或作为一对一课程的教学法。由于其从不曾真正完全退出过外语教学法的舞台,因此针对听说法的批评也不曾停止过。但听说法受到一些教师和学生欢迎的根本原因是听说法具有其他教学所没有的特质,如"听说法看似排除了让学生自己处理语言信息的所有渠道"(Harmer 2001),但这一特点也同时带来了教师和学生对自己在课堂上应该扮演什么角色的清晰定位,以及由此带来的双方对课堂中应该输入和输出什么内容的较为准确的预期。

第五节 小结

听说法在第二次世界大战背景下诞生,又由于所获得的良好效果而在战争后经由语言学家及外语教学家们的努力而被拓展到了一般的学校教育中,对美国当时落后于时代的外语教育产生了很强的推动作用,因此听说法是历史的产物。虽然听说法与同时期发展起来的口语法和情境教学法看似有很多相似点,但听说法的一个重要特征是其直接受到当时美国的结构主义语言学以及新行为主义心理学的影响,前者使其将语言视作由不同层次的规则组织起来的系统,因此提出可以通过针对性的教学原则提高教与学的效率,后者则使其将语言学习作为一种符合"刺激-反应"模式的行为,从而影响了其对练习体系的设计。听说法所秉持的教学原则虽然曾经受到了挑战与质疑,但是象征着教学法的发展,也对此后的教学法具有重要的启发意义。

参考文献

1. Allen B. & Campbell N. (eds.): Teaching English as a Second Language [M]. New York: McGraw-Hill Inc., 1972.
2. Bloomfield L. Language [M]. New York: Holt, Rinehart & Winston. 1933.
3. Brooks N. Language and Language Learning: Theory and Practice [M]. New York: Harcourt, Brace & World, 1964.
4. Chomsky N. A Review of BF Skinner's Verbal behavior [J]. Language, 1935,35(1): 26-58. 1959.
5. Fries C C. Teaching and Learning English as a Foreign Language [M]. University of Michigan Press,1945.
6. Harmer J. The Practice of English Language Teaching [M]. London/New York: Pearson Education ESL, 2001.
7. Lado R. Linguistics Across Cultures: Applied Linguistics for Language Teachers [M]. University of Michigan Press, 1957.
8. Rivers W M. The Psychologist and the Foreign-Language Teacher [J]. British Journal of Educational Studies, 1965,13(2).
9. Skinner B F. Verbal Behavior [M]. New York: Appleton-Century-Crofts,1957.

第五章

全身反应法

20世纪70到80年代见证了语言教学的一次重大转折。除口语法、情境教学法、听说法等主流教学法得到迅速发展之外,外语教学界开始逐渐关注语言教学与交际之间的关系。外语教学的重心也逐渐从传统教学法所关注的语法转移到语言、语言学习、教师、学生等要素上,而这些要素正是构成交际的主要要素。除了主流的外语教学法的发展之外,一些不以外语教学理论为基础的教学法也逐渐开始找到自己的一席之地,它们的特征是往往依托于某种学习者理论或学习理论而逐渐得到稳步的发展,如20世纪70年代涌现出来的全身反应法(Total Physical Response)、沉默法(Silent Way)、咨询学习法(Counseling Learning)、启发教学法(Suggestopedia)、神经语言学法(Neurolinguistics)、多元智力法(Multiple Intelligences)等等。这些教学法的共同特征是语言理论基础往往较为薄弱,一般由某种特定的心理理论或学习理论发展而来。因此它们提倡的语言学习原则往往和一般的外语学习理论存在较大的区别,显示出其独特性。这些各具特色的教学法一般都未能获得主流教学法学者过多的关注并于70年代之后分别走向了衰弱。但这些教学法反映了语言教学和学习过程的不同侧面,同时也为外语教学法的发展提供了许多新的想法和创见。这些教学法虽然一般不作为课堂的主要教学法出现,却往往作为补充而被结合到其他主流的教学法中。总体来看,这些教学法在外语教学法整体的发展上曾经起过重要的阶段意义,因此对其进行回溯与介绍仍然十分具有必要性。

本章将主要介绍这些教学法中的一种——全身反应法(Total Physical

Response,简称 TPR），TPR 最主要的特点是强调配合肢体动作组织语言教学，因此也被称为"语言动起来"教学法。其核心的理论基础是大脑两半球侧化理论，认为主管形象思维的右脑应该与主管逻辑思维的左脑互动、协调发展。语言学习一般被认为是由左脑主管的行为，但 TPR 认为在这一过程中应该通过调动学生的肢体动作积极发挥右脑的作用，使得左右大脑协调工作从而达到更好的语言学习效果。TPR 最早时期的教学对象是美国移民的子女，在 20 世纪 70 年代一度非常盛行。本章将重点阐述 TPR 的历史背景、理论基础、教学过程以及影响与评价。

第一节　历史背景

　　全身反应法是以协调口语和肢体动作为主要教学特征的一种外语教学法，由美国圣何塞州立大学的教授詹姆斯·阿歇尔（James Asher）在 20 世纪 70 年代左右创立。它的创立与发展受到了多重领域的影响，其中主要包括发展心理学、人文主义教育学、学习理论等。此外，TPR 的产生还受到此前直接法、听说法、口语法和情境教学法理论和实践的深刻影响。如 TPR 所提倡的结合动作学习语言的想法此前就曾被直接法的代表人之一古安提出过，而 TPR 要求让学生在自发开始说话之前先进行目的语的听力理解的想法也有先例，此前情境教学法的代表帕默尔（Palmer）所提出的"在学生开始说话之前需设置一段只听不说的时间"，听说法的代表人物弗里斯等人也都主张先听后说。此外，TPR 特别强调听力理解也受到领会教学法（Comprehension Approach）的影响。领会教学法强调在语言学习中理解能力先于表达能力，对理解能力的训练最终能够实现其他语言技能，特别是表达能力的提升。外语教学的重点应该是语言意义，而非语言形式，且在外语教学的过程中应该尽量减轻学生的心理负担。领会教学法中的这些原则很多后来都被应用到了全身反应法中。

　　总体而言，使用 TPR 进行外语教学的设想主要建立在如下理论基础之上：人类大脑中存在一个特殊的生物机制，这个机制使得人类学习并掌握地球上的任何语言成为可能，包括手语在内。如果想要了解这一机制，则可以去观察幼童学习母语的过程。其中的奥秘便在于亲子之间独特的"对话"。比如，亲子之间的第一个对话可能是父亲说"看一下爸爸，看一下爸爸"，此时幼儿的脸可能转向声音的发出源爸爸,而这时爸爸就会激动地说"他在看我!",阿歇尔将此称为"语言-肢体对话",因为在这个过程中父母使用了语言,而幼儿则使用肢体动作进行回应如"看""笑""转身""触摸""走动"等等。这样的对话一直会持续很长时间,直到幼儿会表达除"爸爸""妈妈"等简单词汇外的别的词汇或句子。因此在这一过程中幼儿并没有开始说话,但是却逐渐内化目的语的结构和发音,且逐渐在脑海中形成阐释目的语如何运作的"语言地图"。当这个幼儿吸收并解码了足够多的目的语之后,说话便会自然地发生。虽然开始的时候他的表达并不完美,但随着时间的累积他的表达会越来越趋向于母语使用者。

在对幼童如何习得母语的过程进行观察和总结的基础上,阿歇尔认为成功的外语教学与幼童习得母语的过程是相似的。幼童在习得母语的过程中,和父母的交流主要表现为肢体动作和口头表达,即幼童从大人那里接受到指令后一般以肢体动作进行回应,而家长再通过口头反馈进一步强化幼童的正确反应。在这一过程反复进行的过程中,家长的指令和幼童的动作之间建立了正向的因果联系,且这些过程往往在幼童开始说话之前就已经发生。同时他还注意到幼童在尝试说话之前往往经历了一段较长的集中于听力的时间,且这一过程中幼童往往表现出对远在他们表达能力之外的复杂语言结构的理解能力。

在实际的教学过程中,TPR 强调以语法教学为基础,特别注重对祈使句的教学。阿歇尔认为只要教师在课堂中富有技巧性地使用祈使句,便可以使学生在这一过程中学习到目的语的大部分语法结构及数量众多的词汇。因此他将动词特别是进入祈使句的动词视为语言组织中最为核心的要素。虽然 TPR 自称适用于不同水平、不同年龄的学习者,但一般而言 TPR 更容易受到初级阶段学生以及低龄学生的欢迎,而将其与其他教学法和教学手段一同使用也常常会达到意想不到的效果。同时阿歇尔也曾针对不同学习人群使用 TPR 进行学习时的效果展开过调查,如在调查成人和儿童使用 TPR 的方式学习俄语的表现时,他就发现成人的表现要比儿童好。

在这些发现的基础上他指出了外语教学与学习应该遵守的三条准则,这也成为了 TPR 的重要准则:①人的大脑天生更倾向于通过听力的形式学习语言,即如果学习者通过肢体动作对听到的语言进行反应,则能够产生最好的语言内化效果。阿歇尔认为在学习者内化新的语言知识以后,其口语能力便也会随之得到发展,且这一过程应该是自发的。②有效的语言学习必须动用右脑。由于人身体的动作主要被右脑控制,因此阿歇尔将由右脑控制下的肢体动作反应和语言理解的结合视作是语言学习的关键。同时他提出一开始的时候应该避免运用左脑来学习语言,因为他认为只有在右脑的输入积累到一定程度的时候才会出现由左脑控制的自发的语言表达。③语言学习应该避免压力。阿歇尔认为压力和负面的情绪会压抑语言学习的过程,而此前的多数外语教学法的重大缺陷正在于此。因此他提出教师可以通过集中于语言意义和肢体动作的方式以减小学生可能会受到的压力,并认为有必要创造出一种游戏式的外语教学法,这种教学法不对语言输出提出很高的要求,而是致力于让学生动起来并强调引发学习者的积极的情绪体验往往能改善外语学习的效果。

第二节　理论基础

TPR 的理论基础非常广泛,其中既包括学习理论、人文主义教育学、发展心理学的研究成果,又包括此前的教学法中的理论和实践精华。总体而言,阿歇尔将"刺激-反应"视作语言教育背后根本的学习理论,此外他还强调语言学习应该关注符合生物言语发展规律的学习方法。除此之外,TPR 还吸收了心理学的研究成果,如大脑左右半侧在学习功能上所发挥的不同作用以及发展心理学对言语发展的解释等。

一、心理学

全身反应法主要以心理学及语言学作为其背后的理论基础,其中又以心理学为主。主要包括以下几个理论:

第一,阿歇尔将外语学习的过程等同于幼童学习母语时的过程,他认为从言语发展心理学的角度而言,母语学习和外语学习的过程应该是平行进行的,因此外语学习的过程应该体现幼童学习母语时表现出的特性,这也是全身反应法被称为"自然法"的原因。阿歇尔认为幼童习得母语的过程中主要体现出如下特征:①幼童在发展说话能力之前听的能力先得到发展。具体表现为在母语习得的初级阶段,幼童能听懂复杂的语言结构,但是却并不能自主使用或模仿这些复杂的内容。②幼童听的能力是通过接收家长口头的命令并被要求作出相应的肢体反应而逐渐培养起来的。③一旦听的能力的基础被建立起来之后,口语能力也会随之逐渐得到自然的增长（Richards & Rodgers 2014）。TPR 对外语教学顺序的设置以及教学原则都是在这一理论基础的前提上提出的，如 TPR 提倡在学生刚开始学习时设置一段习得听力的时间，正是试图再现幼童刚开始接触母语时听到父母及周边的人大量使用母语的阶段。

第二，TPR 的另一心理学基础是"记忆痕迹理论"（Trace Theory），这一理论认为记忆回溯（即建立记忆之间的联系）发生的频率和强度都会影响记忆的效果。记忆回溯可以通过口头方式实现，如死记硬背是建立记忆之间联系的方式之一。同时记忆回溯也可以通过动态的肢体动作实现，而两者的结合无疑在记忆的效果上是最好的，如伴随着肢体动作进行动词的练习一般可以更好地帮助学生进行记忆。

第三，TPR 也受到大脑侧化理论的影响。大脑侧化理论提出人类左脑主要集中处理语言、逻辑推理和数字问题，而右脑则集中处理音乐、图形和直接问题。在吸收让·皮亚杰（Jean Piaget）对幼童心理学的研究成果的基础上，阿歇尔提出幼童的言语获得主要集中在右半脑，即幼童主要通过肢体活动的方式自然习得语言，且只有在右脑活动进行到一定阶段的情况下，左脑才会开始进行相应的语言输出。由此，阿歇尔提出成人学习外语也应该遵照这一特性，先充分发挥右脑的作用，配合相应的肢体活动、图像、音乐等方式进行语言学习。然后通过形象思维再与左脑所主管的语言理解与逻辑思维能力连接起来，即左脑会在右脑活动的基础上被诱发进行语言的输出以及其他更为抽象的语言学习过程。而在此前传统的外语教学法的论述都将外语学习认为仅仅是左脑的学习过程。

第四，TPR 还受到当时人本主义心理学的影响，将最小化课堂中学生所受到的压力视作提高语言学习效果的关键因素之一。阿歇尔认为幼童习得母语往往发生在没有压力的环境中，而外语学习的环境则一般总是充满压力和焦虑。因此为了使外语学习的效果趋向于幼童习得母语的效果，应该减小学生在课堂上受到的压力。至于控制压力的方法，阿歇尔提出可以使外语学习的过程尽可能符合生物发展的特性，如更注重语言的意义而非形式。教师可以通过肢体动作来阐释词汇的意思而非要求学生记住抽象的语言形式，尽可能减小学生的防御心理和抵触心理，从而使其更好地接受、吸收和运用所学习的语言材料。此外，TPR 还提出不应对学生的言语输出进行严格的要求，而是使用带有游戏性质的方法以减轻学生的心理负担，达到使其放松心情、集中注意力的效果。

二、语言学

虽然阿歇尔并未在解释 TPR 的过程中直言其对语言本质的认识或 TPR 所依赖的语言学基础，但从他对教学环节的设计和提倡的教学原则中，可以总结出其采纳的主要还是结构主义语言学对语言及语言学习的主张。如他将语法结构的学习视作是学习者进行语言使用、交际的基础，因此提出在课堂中主要将祈使句及其动词作为教学的中心内容。他认为"目的语中很多语法结构和许许多多的词汇，可以在教师的指导下掌握祈使句后学会"（Asher 1977）。

而在如何掌握目的语的语法结构的问题上，阿歇尔认为应该让学习者将语言作为整体进行内化，而非对个别单词进行独立的内化，即在语言学习和使用的过程中，句型被认为具有主导作用。同时阿歇尔提出语言由抽象部分和非抽象部分两部分组成，对非抽象部分的学习主要通过将语言知识与肢体动作结合起来，并将大部分句型作为整体进行内化的形式实现。在这一基础上学生会对目的语整体的"语法结构"有一个整体的感知，并进一步形成关于目的语的"认知图式"（Congnitive Map）。

第三节　教学过程

TPR 的总体目标是培养学生听和说的能力并发展学生不受压力地使用目的语进行沟通的交际能力。因此虽然 TPR 看似特别注重对学生听力理解能力的培养，特别是在学习的初级阶段，而实际上这只是为了培养学习者基本的口语表达能力的一种手段。在具体的教学手段的选取上，TPR 会根据不同学习者的学习目的与学习需求进行针对性的设计，但一般都离不开结合肢体动作帮助学生进行记忆以及使用祈使句句型进行操练。

TPR 一般没有固定的教材，而是由教师决定应该学习什么材料以及课堂中需要使用什么辅助教具等。对初学者进行教学时，教师的声音、动作、姿势已经能够满足课堂的需要，因此不需要额外的教学材料。而随着教学的深入，教师可能会进一步利用教室内已有的东西。而当学生的水平进一步得到提升时，教师则需要进一步收集一些辅助教学的教具或材料如图片、实物或幻灯片等。因此使用 TPR 教学的前期一般不需要教师进行特别多的准备工作，而随着教学的深入，教师课前的准备工作也相应变多。

从师生关系来说，教师在 TPR 的课堂扮演着活跃的、主导型的角色。具体表现为以下几点：

第一，教师不仅要决定教学的内容与材料，还要在课堂中对新的材料进行展示和示范，向学生发出指令以调动学生的肢体和大脑活动，等等。由于课堂上学生对指令的肢体动作反应常常比较迅速，所以教师一般没有足够的时间临时考虑应该发出什么指令。因此阿歇尔建议教师最好在课前写好详细的教案，在教案上列出课堂上可能会涉及的指令，特别是一些整合了新旧语言学知识的全新的指令。

第二，阿歇尔提出教师应该在课堂上尽量创造逼真的目的语环境，在进行展示和解释时尽可能呈现出最佳的目的语范本，从而使学生暴露在相对真实的目的语环境中，并帮助学生更好地内化目的语的语法结构。

第三，教师提供帮助学生理解新语言知识的认知图示，而学生则需要在大脑中对这些图示进行加工从而逐渐形成关于目的语的"认知图式"，这是学生理解目的语抽象语言知识的基础。

第四，教师还被要求为学生实践目的语提供尽可能多的机会。而学习者在 TPR 课堂上主要扮演着聆听者和表演者的角色。他们被要求专注地听讲并对教师的指令做出肢体回应。当此前学习过的内容以新的形式组合出现时，学习者也被要求进行识别并做出相应的反应。教师应该允许学生的口语能力自然地发展，直到他们对语言结构的内化达到一定程度之后再让口语表达自然地发生。在课堂反馈的问题上，阿歇尔认为教师应该借鉴家长对幼童的反馈模式。正如家长在一开始时不会过多地纠正幼童对他们的指令所进行的反应或口语表达，TPR 的课堂上教师也应该尽量避免在学习的初级阶段对学生的错误进行过多的纠正。而随着学习的深入，教师对错误的容忍程度则可以相应减小。

由于 TPR 认为读写能力的发展应该建立在听说能力发展的基础上，因此课堂中通过教师发出指令、学生通过肢体活动回应指令的方式以培养学生的听力理解能力。课堂中采取的步骤主要如下：①在教师的指令下进行热身复习。如教师可能发出"玛利亚，尖叫（Scream）""瑞塔，捡起叉子和勺子，把它们放在杯子里（Pick up the knife and spoon and put them in the cup）"等指令对上一节课学习的内容进行复习，通过这些指令将学生从位子上调动起来。②教师发出新指令。这一过程中主要使用祈使句型，并引入以动词为主的词汇。如学习"洗(wash)"这个动词时，教师可能会发出"洗你的手(Wash your hands)""洗你的脸(Wash your face)""洗你的头发(Wash your hair)"，而其中主要练习的核心词汇是动词"洗"，而"手""脸""头发"等则一般是以前学习过的词汇。③教师介绍其他相关词汇。这一过程中教师可能会引入名词、副词等新词汇并通过祈使句型进行操练，同样需要学生进行肢体动作回应。如学习副词"快速地(quickly)"时，教师可能发出指令："快速地走到门口并打一下它(Walk quickly to the door and hit it)""快速地跑到桌子那里并碰一下那个方块(Quickly, run to the table and touch the square)"。而学习名词"毛巾(towel)"时则可能发出指令"把毛巾放在胡安的手臂上(Put the towel on Juan's arm)""胡安，把毛巾放在你的头上并笑出来(Juan, put the towel on your head and laugh)"等等。然后教师围绕这些词汇进行一些简单的提问如"毛巾在哪里？(Where is the towel?)"，而对于这些问题学生往往能通过简单的动作如指向毛巾进行回答。④进入角色转换阶段。在这个阶段，学生可以自愿对教师或其他学生发出指令，学生通过这一过程进一步加深对词汇和句型的理解。除了以上阶段之外，虽然TPR并不强调读写能力的培养，但课堂中仍会涉及读写。如当教师在黑板上写下新词汇以及帮助学生理解新词汇的例句时，一般会读出声并表演例句中涉及的动作。此时学生需要仔细聆听，有的学生则会将其抄写在笔记本上(Asher 1977)。

总体而言，在教学过程中TPR主要秉持以下原则：

第一，要求学生通过动作加深对目的语中的指令的理解，这一原则提出的主要理论基础是大脑两半球侧化理论。心理学认为主要由右脑控制的动作形象思维与左脑控制的逻辑思维的结合能够加深对语言的理解，也有助于记忆。因此要求学生配合全身动作来学习新的词汇或语法结构。

第二，TPR坚持听力理解能力领先于口语能力的原则。TPR课堂中大部分的时间都被用于训练并提高学生的听力理解能力，而从更深层次来说对听力理解能力进行培养的最终目的是提高学生的口语表达能力。因此实际上阿歇尔将培养听力理解能力视作提高学生口语水平的一种主要方式，特别是在外语学习的初级阶段。同时，他指出学生刚开始学习外语时教师不应强行要求学生进行对外的输出，可以允许学生使用母语以回答教师的指令或问题，直到他们的听力理解水平达到一定程度之后才会开始自发地对外表达。

第三,TPR 的课堂一般围绕语法、词汇展开。最初学生通过直接观察的方式学习词语的意义,然后教师对这些词汇进行结合发出指令,学生通过肢体动作进行回应。当学生又学习了新的词汇后,教师可能结合新旧词汇发出新的指令。值得注意的是,教师一般会控制一节新课中教授的词汇,这是为了让学生将新的词汇与此前学过的词汇区别开来,并进一步对新旧知识进行整合。阿歇尔认为根据学习者的语言水平和班级的规模来决定一节课中教授的词汇的数量,一般建议在一个小时的课时中可以教授 12 到 36 个生词。

第四,TPR 强调对语言意义的教学。阿歇尔认为语言可以分为抽象和非抽象两个部分,非抽象的语言主要表现为语言中的名词以及祈使句中的动词。对于非抽象的语言,教师根据当天需要学习的词汇(主要是动词)发出祈使句指令进行教学。而在学习语言非抽象部分的过程中,学生会形成目的语的认知图示,抽象部分则可在目的语的认知图示形成之后再进行学习。值得注意的是,TPR 非常强调对语言意义的教学。不同的教学法在处理语言意义和语言形式的问题上各有侧重,如语法翻译法以语法为纲,并不十分关注对语言意义的教学。而TPR 强调对语言意义的教学,其目的是快速地提高学生的听说能力和交际能力。

第五,TPR 强调让学生将语法结构作为整体进行内化。TPR 将语言视作一个个语法结构的集合体。对于这些结构的学习,TPR 认为学生不应该只学习其中的单个要素,而是应该暴露于充分的目的语环境中,并在下意识中吸收并内化这些结构的整体。当学生面对一大堆目的语信息时,TPR 认为学生应该通过分析、归纳的方法破解出其中的意义并实现对意义的理解,因此可以说 TPR 对语法结构的教学总体采取的是归纳法。

第六,TPR 强调在口语能力的基础上发展书面语能力,强调外语学习的过程与幼童习得母语方式的相似性,因此认为在个体语言学习的过程中口语应是第一性的,而口语能力的培养则主要通过训练学生的听力理解能力来实现,书面能力则被认为是第二性的。

第七,TPR 认为应该控制学生在课堂上受到的压力,始终保持愉快活泼的课堂氛围。这一原则受到人本主义心理学的影响,同时也与领悟教学法的观念相同。TPR 认为学生的心理负担会对其语言学习造成负面的影响,因此强调以各种方式控制或减小学习过程中的压力。比如 TPR 认为如果学生没有充分的听力理解能力作为铺垫,让其开口说会非常困难。因此在教学上不提倡听说一起学习的方式,而是选择了先听后说的教学模式。此外,由于教师在课堂上对学生逢错必纠可能会给学生施加压力,对其自信心和学习的积极性造成一定的负面影响,因此 TPR 要求教师在学习的初级阶段尽可能地容忍学生的语言错误,而随着学习的深入再逐渐加大纠错频率。这与家长教育孩子的模式相似,呈现出随着孩子的年龄增长纠正其语法错误的频率越来越高的特点。

为了进一步还原较为典型的全身反应法的课堂过程,我们将通过案例展示全身反应法在汉语第二语言课堂中的应用。

(教案见书后本章附录,视频课请扫描以下二维码。)

第四节　影响与评价

一、全身反应法的影响

从外语教学法发展的总体进程而言,全身反应法在 20 世纪七八十年代一度非常盛行,特别受到那些重视外语学习中理解能力培养的人群的支持。但由于 TPR 结合肢体动作学习语言的方式对不同年龄、不同阶段的学生而言效果不尽相同,因此作为课堂上的唯一教学法显然还是略显单薄,这也是 TPR 受到质疑的原因之一。因此外语教学界更为普遍的意见是 TPR 应该与其他的教学法一同使用。值得注意的是,全身反应法的创始人阿歇尔便曾经强调 TPR 应该与其他教学法和教学技巧结合起来使用。实际上,很多 TPR 的实践者在实际的教学过程中也践行了这一想法。如在我国的英语教学界,直接法的倡导者张士一先生在编写英语教科书时,也在部分课文中提出了使用全身反应法进行教学的可能性。因此对很多教学者而言,TPR 是一套教学中行之有效的技巧,可以与其他的教学法一起结合起来使用。实际上,很多实践者发现 TPR 在词汇教学中往往能取得出人意料的理想效果,因此 TPR 在词汇教学中使用的频率是最高的。

此外,美国语言学家斯蒂芬·D. 克拉申(Stephen D. Krashen)也曾在阐释语言习得与输入假说时指出 TPR 成功的关键是为学生提供语言输入的环境，以及积极减小学生压力的做法。并且他认为通过让学生对目的语指令做出肢体回应，能够使输入内容变得可理解并同时减小学生的压力。美国的西班牙语教师布莱恩·雷（Blaine Ray）在 TPR 的基础上加入了讲故事的方法以帮助学生学习那些肢体动作之外的语言知识，成为了此后 TPRS（Teaching Proficiency Through Reading and Storytelling）的基础。

二、全身反应法的优劣势

TPR 的优势主要包括以下几点：①TPR 的课堂对班级的规模以及学生的年龄、语言水平、学习天赋等都没有很高的要求。总体来说，TPR 对成年人和儿童都适用，允许一个班级里有着能力不同、水平不同的学生。TPR 在初级阶段会涉及一些较为简单的集体活动，教师会尽可能多地为学生提供实践语言的机会。而随着学生水平的提高，则可能会进一步引入一些交际场景。②对教师而言，使用 TPR 进行一些简单的课堂活动时不需要进行过多的课前准备。③对学生而言，TPR 能够成功地让学生在课堂上动起来，将他们从椅子上解放出来，特别是在那些动觉型的学生中特别受欢迎。由于 TPR 注重学生的参与度，因此对于那些患有学习障碍或阅读障碍的学生而言，TPR 反而可能比传统的教学法更有效。

因为 TPR 在初级阶段的教学中往往能取得较为迅速而直接的效果，所以在初级阶段的学生中往往更受欢迎。同时也因为 TPR 在外语教学的初级阶段所取得的良好成绩而被容易误解为只适合初级阶段的学习，甚至受到质疑。针对 TPR 如何被运用于中级和高级阶段的学习中的问题，虽然有一些书籍可供参考，但是对一般的教师而言，可能仍然不清楚 TPR 在中高级阶段如何使用。此外，TPR 的缺点还包括：①课堂上过分注重祈使句型的训练与练习，因此学生对其他句型的掌握会相对更弱。其结果是课堂上学习的内容不足以应付实际的交际场景。同时如果祈使句型使用不当，也可能使学生在使用时显得不够礼貌。②对学生而言，通过 TPR 学习外语的过程可以在语言知识与肢体动作上建立联系，但是由于学生在课堂上的主要角色是被动地对教师的指令进行反应，开始口语表达的时间也相对较晚，所以很难有机会表达自己的真实想法，即使进行表达也存在方式单一的问题。而对于那些性格害羞的学生而言，TPR 相对其他传统的教学法可能会构成更大的挑战。③对于教师而言,初级阶段的 TPR 不要求教师进行过多的课前准备,但是随着课程的深入,教师需要准备更为复杂的教学材料以及结合新学的词汇创造新的指令,这会给教师造成更多的负担。④阿歇尔指出虽然 TPR 代表着一种创新性的教学方式,但如果过度使用则可能带来反效果。如何适度地、有效地使用 TPR 的问题还没有得到很好的总结和阐述。

第五节　小结

TPR 是流行于 20 世纪七八十年代的一种教学法,由美国的心理学教授阿歇尔创立并发展。TPR 强调外语学习应该借鉴幼童自然习得母语的模式,允许学生在初级阶段积极进行听力理解的积累,然后在完全准备好的情况下再进行自发的语言输出。与传统教学法不同的是,TPR 强调应该在语言学习的过程中发挥右脑的作用,即结合肢体动作学习语言,这也是其得名的主要原因。TPR 提倡为学生理解目的语和实践目的语创造尽可能多的机会。因此其教学内容以祈使句型作为外语教学的主要组织形式,将表述系列动作的指令作为学习的中心,以句子作为说话的单位。TPR 的教学理念虽然看似由阿歇尔对儿童学习母语的经验总结而出,主要依赖于深厚的心理学基础,但实际上也受到了此前教学法的深刻影响。虽然 TPR 未能成为一种主流的外语教学法,却作为一种教学的新理念而成为一些外语教师在课堂中使用的一种技巧,常常与其他教学法结合起来使用,特别是在初级阶段的教学以及词汇教学上受到教师和学生的欢迎。

参考文献

1. Asher J J. The Learning Strategy of the Total Physical Response: A Review [J]. The Modern Language Journal, 1966,50(2):79 – 84.

2. Asher J J. The Total Physical Response Approach to Second Language Learning [J]. The Modern Language Journal, 1969,53(1):3 – 17.

3. Asher J J. Learning Another Language through Actions: The Complete Teacher's Guidebook [M]. Sky Oaks Productions, 2003.

4. Bancroft W J. The Lozanov Method and Its American Adaptations [J]. The Modern Language Journal, 1978,62(4):167 – 175.

5. Byram M. Total Physical Response [J]. Routledge Encyclopedia of Language Teaching

and Learning. London：Routledge，2000：631－633.

6. Larsen-Freeman D. Techniques and Principles in Language Teaching［M］. Oxford University Press，2000.

7. Rosenthal J W. Handbook of Undergraduate Second Language Education［M］. Cambridge University Press，2008.

8. Richards J C & Rodgers T S. Approaches and Methods in Language Teaching［M］. Cambridge University Press，2014.

第六章

多元智力法

多元智力（Multiple Intelligence，MI 或 Multiple Quotient，MQ）指的是一种以学习者为中心的教育哲学理念,该理念最主要的特征是认为必须承认人类的智力存在不同的维度并要求在教育的过程中对其进行发展。多元智力的概念是由哈佛大学的心理学家霍华德·加德纳（Howard Gardner）在《智力的结构》(*Frames of Mind*)一书中提出的。关于什么是智力的问题,加德纳在《多元智力：实践中的理论》(*Multiple Intelligence：Theory in Practice*)中指出,所谓智力就是人类所具有的可以运用于学习多个学科和多个领域的心理潜能。人们在学习某一过程或进行社会生活行为方式时,往往对智力进行不同形式的整合,从而达到解决问题的效果。根据不同的个体以及个体智力的发展水平整合形态会产生差异。在加德纳看来,智力是在一定的社会文化背景下,个体用以解决自己面临的真正难题和生产及创造出社会所需的有效产品的能力（章兼中 2016）。

多元智力理论认为传统心理学对智力的测定有很大的局限性,因为这种测试一般只能测试出"脑力智力"。而加德纳认为每个人所拥有的智力是多元且独立的,或者说不同个体所拥有的"智力"存在差异,而每个人的智力会根据需求呈现出不同的整合形态,并且每个人都能发掘或者拓展自己的智力。加德纳提出可以称为智力的能力必须满足以下八个条件：①可能由于脑损伤而被大脑独立出来。②在进化史中占有一席之地。③有核心的操作步骤。④容易被编码（抽象表达）。⑤具有清晰的发展过程。⑥存在拥有这种智力的专家或天才。⑦被实验心理学所验证。⑧被心理测量所验证。在这一标准的基础上,他提出人类一般具有的八类能力：①"音乐-节奏"（musical-rhythmic）智力。②"视觉-空间"（visual-spatial）智力。③"言语-语言"（verbal-linguistic）智力。④"逻辑-数理"（logical-mathematical）智力。⑤"身体-动作"（bodily-kinesthetic）智力。⑥"人际交往"（interpersonal）智力。⑦"内省"（intrapersonal）智力。⑧"自然观察"（naturalistic）智力。当然，加德纳并不认为人类的智力应该局限于以上几种，在他1999年出版的《智力重构》（*Intelligence Reframed*）一书中，他提出了几种潜在的新智力，如存在智力、道德智力、精神智力等。虽然加德纳对不同智力之间的区别做出了明确的定义，但他却反对给不同的学习者贴标签。他坚持认为多元智力理论的价值在于给学习者赋能，而非将他们限制在特定形态的学习中。同时他认为外语教学成功的因素就是在鼓励学习者独立、主动地学习语言，发挥出其独特的潜能，同时有意识地发展学习者的多项智力，同时学习者在学习外语的过程虽然看似是"言语-语言"智力在发挥着主要作用，但不应忽视语言学习作为一项社会活动，是多元智力协同作用的结果。因此如何在外语教学的过程中更好地调动、整合与协调学习者不同智力之间的关系也是教师提高外语教学效率的重要课题。本章将主要介绍多元智力法的历史背景、发展过程、教学过程以及影响与评价。

第一节　历史背景

多元智力法被提出并持续发展，甚至成为20世纪90年代以来许多西方国家教育改革的指导思想有两个重要的背景：一是传统智力测试的缺点逐渐暴露出来，当时的学界急需对智力进行重新的定义和阐释；二是脑科学的研究成果使人们更可能了解人类在学习时头脑是如何运作的。多元智力法正是在这样的背景下最先以认识科学的成果被提出，继而被迅速地应用到学校教育以及外语教学等领域中的。

在加德纳之前，传统的智力研究认为智力是一元的、不变的、天生的能力，在这种认识下有学者开始研究如何测量智力。其中较有影响力的是英国生物学家弗朗西斯·高尔顿（Francis Galton）首创的智力测量，由此相继诞生了各种智力测量表，传统的智力测量一般以斯坦福-比奈（Stanford-Binet）量表为基础。在这种智力是一元的、可测量的观念影响下，传统学校教育将"言语-语言"智力以及"逻辑-数理"智力作为智力的主要组成要素并以此作为检测学习效果的主要切入点。但是同时针对智力测量的争议也始终不断,因为"智力是一元的"这一前提本身便饱受质疑。智力研究者们从不同的视角试图对智力的内涵和外延进行修正,比如有学者提出应该将智力分为分析性智力、创造性智力和实践性智力三种。而加德纳则主要依托自己在哈佛大学教育研究生院的研究成果提出了多元智力理论。在哈佛大学就读研究生期间,加德纳参与了由著名哲学家尼尔森·古德曼(Neison Goodman)主持的"零点项目"(Zero Project)并于1972—2000年期间担任这一项目的主持人。在参与这一项目期间,通过对大量学校进行的观察实验以及跟踪实验,包括加德纳在内的研究者提出人的智力存在多种形式。加德纳也对自己曾一度非常推崇的皮亚杰关于人脑工作原理的研究提出了不同的想法。在大量观察各类脑部正常发展或脑部特殊人群的基础上,他提出人类的思维活动并不仅受一种智力的影响,并于1983年出版了《智力结构》(Frames of Mind)这一重要著作。

加德纳认为传统的定义不能够涵盖智力的丰富内涵,而智力测量只关注逻辑和语言,忽视了人的大脑中其他同等重要的智力类型,因此传统的智力测量表不能完全反映一个人的智力情况。因此为了修正传统的智力概念,他提出了多元智力的理论。该理论在纽约举办的教育大会上发表并获得了热烈的讨论,引领了对多元智力理论的持续关注和讨论。在此次大会之后又陆续召开了多次大会专门讨论多元智力的议题,而同时众多的教师和学校开始就如何将多元智力理论结合到课程与教学中展开了积极的尝试和实践。加德纳在之后也出版了一系列著作以不断完善多元智力理论,他的一生共有相关著作20多本,并被翻译为多国语言。正是因为他创造性地提出了多元智力的概念,并编撰了大量著述以完善这一理论,推动其实践与发展,对美国的教育界以及心理教育学的发展都起到了很大的影响作用。因此他被盛赞为推动美国教育改革的首席学者、美国最有影响力的教育学家和发展心理学家。

多元智力法能够被发展起来的另一个重要背景是人类对大脑运行机制研究的深入,在此之前人类已经开始尝试从人类学、心理学、脑科学等多个领域对大脑是如何加工信息的进行过研究。1981年美国心理学家罗杰·斯佩里(Roger Sperry)通过切断猫、猴子、猩猩左脑和右脑之间的神经纤维,揭示出大脑左右半球在逻辑思维和图像思维上所分别占有的优势。他的发现也被称为大脑两半球侧化理论。虽然大脑的左右半球在人的语言、意识和思维上扮演的角色以及占有的优势不同,但两者又往往趋向于协同完成任务,分工并非非常明确。在斯佩里研究的基础上,加德纳主要关注了脑损伤病人大脑运作的特点,他发现病人脑部损伤位置不同,学习能力也会存在差异,这也是他提出多元智力理论的重要依据之一。

第二节 发展过程

在教育发展以及外语发展的过程中,近 30 年见证了人们对个体差异越来越强的关注,除了多元智力理论之外,自主学习法(Autonomous Learning)、学习者训练(Learner Training)、学习者策略(Learner Strategies)等更有个体针对性的教学方法不断涌现出来。多元智力法与这些更早期的教学法之间有很多的相似之处。加德纳对智力的理解总体可以概括为:人类都拥有各种不同类型的智力,只是不同的人其智力之间的组合不同,也会存在各自擅长的以及不太擅长的智力类型。加德纳最初提出智力多元概念时指出智力类型主要有七种,在 1995 年他提出了第八种智力,而 1999 年他又在《智力重构》一书中提出了几种潜在的智力如存在智力、道德智力、精神智力等。但由于这些新智力的内在因素和应用场景并未得到明确的阐释,因此最终没能成为成熟的智力类型或得到进一步的发展。加德纳所提出的核心的八种智力包括:

(1)"音乐-节奏"智力:这种智力主要体现为对声音、韵律、声调和音乐非常敏感,这种智力发达的人常常对音乐有很强的感知能力,音高的感觉特别好甚至可能拥有绝对音感,比较常见于歌手与作曲家等职业中。

(2)"视觉-空间"智力:这种智力主要体现为处理空间判断以及可视化问题的能力,这种智力发达的人常常能在虚拟的想象世界中创造并形成相应的模型,较为常见于建筑师、装修设计师、雕塑家及画家等职业中。

(3)"言语-语言"智力:这种智力主要体现为处理文字和语言的能力,这种智力发达的人普遍擅长阅读、写作、讲故事以及记忆单词和日期,较为常见于律师、作家、编辑、译者等职业中。

(4)"逻辑-数理"智力:这种智力和逻辑、抽象、论证、数字和批判性思维密切相关,这种智力发达的人能够在看似随意的系统中发现并归纳出其深层的规则与逻辑,较为常见于医生、工程师、程序员及科学家等职业中。

(5)"身体-动作"智力:这种智力主要体现为能够很好地控制身体动作以及能够有技巧性地处理事物。加德纳进一步阐释称这种智力也包括对时间的掌控能力,对涉及肢体动作的目标的明确感知能力以及训练反应的能力。这种智力发达的人通常有很好的身体协调性,擅长体育、舞蹈、表演、手工等,比较常见于运动员、舞蹈家、音乐家、演员、建筑师、警察、士兵等职业中。

(6)"人际交往"智力:这种智力主要体现为对他人的心情、感觉、性情、动机十分敏感,以及具有很好的团队协作能力。加德纳指出"人们常常将人际交往能力和内省智力误解为外向或喜欢他人"(Gardner 1993),然而那些拥有很强的人际交往智力的人表现出的其实是很强的与他人沟通的能力以及同理心,他们可能成为领导者,也可能成为跟随者。他们往往热爱讨论和辩论,拥有很强的与他人协作的能力,比较常见于销售人员、政治家、教师等职业中。

(7)"内省"智力:这种智力主要体现为擅长反省,喜欢积极探析并成功实践自身才能的能力。这种智力发达的人常常对自己的优劣势有很深刻的认识,知道自己的独特之处,知道如何预测自己的反应和情绪,因此常常能更快地适应融入生活各方面的环境中并变得更幸福。

(8)"自然观察"智力:这一智力维度是加德纳在本来的七种智力的基础上加上的,他认为那些能够分辨植物群和动物群并能够在自然世界中完成其他区分的人正在践行着一种重要的智力,特别表现在狩猎、农耕、生物科学等领域,而当时这种智力显然不在已有的七种智力中。为此他认为有必要将人类与自然世界联系的能力归纳为一种智力,而这种智力在人类的进化历史上显然曾经扮演过重要的角色。过去比较常见于猎人、采集者、农民等职业中,而现在仍可见于植物家、厨师等职业中。

概括而言,以上八种智力可分为三类:一是与物质有关的智力,它们是个体处理其与所处的物质世界关系时所涉及的智力,其中主要包括"逻辑-数理"智力、"身体-动作"智力、"视觉-空间"智力、"自然观察"智力;二是与非物质的东西有关的智力,它们是个体处理非物质的东西如音乐、语言等时所需要的智力如"言语-语言"智力和"音乐-节奏"智力;三是与人相关的智力,它们是个体在处理和他人的关系或与外部环境之间的关系时所涉及的智力,如"人际交往"智力和"内省"智力。当然这些分类并无绝对界限,因为个体在处理某一问题时总是需要同时整合多种智力。但是相对而言,不同的人群在更为擅长的智力上存在差异。

值得注意的是加德纳所提出的八种智力都包含相应的亚智力,如在外语教学中所涉及的"言语-语言"智力便包括阅读理解、听力理解和交际运用等多种亚智力,外语教学通过提升学生这些亚智力的水平而提高学生整体的"言语-语言"智力水平。虽然也有学者提出过存在情感智力、机械智力和实践智力等八种智力之外的智力,但加德纳坚称他所提出的八种维度的智力是有"迹象"可供证明的,且这些迹象往往具有规律性。具体表现为在个体中各种智力从幼儿时期到成人阶段的发展过程存在相似规律,而脱离个体来看,每种智力本身的发展途径又各具特征。当然,每种智力的发展过程后来都成为了人类进化历史的一部分,如人类对工具的使用显然经历了一个进化的过程,而这是人类"身体-动作"智力进化的外在表现之一。

在提出人类的智力是多元的基础上,加德纳进一步指出多元智力运作的特征:①多元智力之间本身是相互独立的,使用不同的符号系统,遵循的规律也不尽相同。不同智力之间的发展受到社会环境和文化教育水平的影响。对个体而言,经过后天的训练其多元智力能够得到一定的提高。但多元智力一般不会均衡发展,因为人类往往只在多元智力中的某些智力中具有特殊的潜能,而通过合适的方法便能激发出自己在某些智力上的能力。②智力之间虽然相互独立,但每个人的多元智力之间总是以不同的形式和程度相互联系以完成相应的实践活动。而智力的发展需要学生将其具有的某些方面的潜能通过实践的方式发挥出来。因此教师的任务便是向学生提供足够多的实践机会,并引导学生合理地发展并整合自己的多元智力。③人的智力发展会显示出一些共通的原则,如一般音乐智力上的潜能一般会在孩童时期就展现出来,而语言学习也存在敏感阶段。教师如果能掌握这些一般的规律,则可以在孩童智力发展的关键时期给予其对应的训练和指导,以激发出智力潜能。而同时人的智力发展顺序又因人而异,每个学生的智力发展情况都存在特殊性。因此教师应该在充分了解学生学习风格的情况下有针对性地安排教学,并重视不同学生所具有的特殊潜能。如果个体同时具有几种智力潜能,如能在学习过程中为该学生创造出同时应用几种智力的机会,其大脑的认知操作会达到最佳的效果。如一个语言学习者具备很好的音乐智力,则当他在学习一门新语言的时候最容易接受以音乐模式、框架呈现出的语言内容。而在智力本身的价值问题上,加德纳认为智力本身没有好坏对错之分，只是人将这些智力应用于不同的场景从而使结果出现差异。当人将这些智力用于行善时，这些智力便发挥出了正面的价值，而相反当这些智力被用于作恶时，其负面价值便被凸现出来了。

多元智力的提出最初在认知科学界引起了热议，加德纳的观点与当时一些其他认知科学家在对智力的认识上出现了一些分歧，其中最重要的便是"是否认为智力基于一个统一的、一般的解决问题的能力"。在加德纳看来，存在一系列分散的精神上的能力，它们共同占据智力这一等级制的顶端，这便是加德纳所提出的多元智力。而另一种解释学习过程与认知过程关系的理论是将一般智力因素（G 因子）应用于多元智力模型。G 因子最早由英国的心理学家查尔斯·斯皮尔曼（Charles Spearman）在 20 世纪初期提出。他通过观察发现孩子在学校各个独立科目中的表现其实呈现正向相关，从而认为存在一种影响人类认知行为的潜在精神能力。因此他认为所有的精神表现都能被概念化为一种单一的普遍能力因子，并将其标注为 G。而在学习的过程中，"更高的一般智力因素（+g）常常意味着更快的神经处理效率，即个体内的 G 因子越高，该个体的大脑在处理认知问题时的效率也越高"（Gottfredson 1998）。加德纳所提出的八种智力中的一些与一般智力因素之间的关系较为紧密，如"言语-语言"智力、"逻辑-数理"智力以及"视觉-空间"智力。

虽然加德纳最初提出多元智力理论时主要将其作为认知科学的研究成果，但多元智力的概念却吸引了众多教育家以及普通大众的关注。在加德纳提出多元智力理论不久之后，许多著名的教育家开始将多元理论作为重新思考与建构学校教育的重要框架。美国的一些学校甚至根据加德纳所提出的多元智力模型（MI Model）重新开发出了一些教育项目，提倡学习应该超越传统的课本和纸笔而更关注学生的天赋才能的激发和发展。部分教师和家长也逐渐意识到他们的学生/孩子在某些方面具有特殊的才能，并以他们特殊的天赋才能为基础给予他们有针对性的学习活动训练。以学校教育为例，多元智力理论要求教师为学生提供充足的实践机会，有意识地发展学生的多项智力，帮助学生实现多元智力之间的整体和谐发展。同时也要求教师关注不同学生智力发展的差异，关注并激发学生的特殊潜能，在不同智力发展的关键敏感时期进行有针对性的引导。而学习者在该方法的指导下则会逐渐了解自己的智力的组成情况并逐渐形成自己的学习风格、偏好。如果能够先分析一个特定的团体中不同学习者之间的差异并将其作为教学的基础,则一般能取得更好的教学效果。将多元智力理论应用于学校教育的理念受到多方的关注,而将其应用于语言教学的时间则相对更晚。因此无法避免地导致多元智力理论中缺少与语言教育直接相关的要素,其中最明显的便是多元智力理论与此前教学法之间的联系没有得到充分的阐述。

　　总体来说,多元智力理论强调"语言"远比从前语言学对其的定义拥有更为丰富的内涵,"语言"在本质上是一种"沟通"。而传统语言学中出现的概念如韵律、声调、响度、音高等与音乐之间的关系甚至比它们与语言学的关系更为紧密。因此音乐智力,以及其他维度的智力都是"沟通"的组成部分,在不同层面使得"沟通"更为完整和丰富。多元智力理论认为应该在外语教学中将外语视作语言学习者/使用者生活的核心组成部分,而非附加的技能。因此语言被要求与音乐、身体活动、人际关系等结合起来。语言学习被认为不仅仅应该从"语言学"角度切入,而是应该将各个智力层面都纳入"沟通"当中。

第三节　教学过程

　　多元智力理论指导下的语言教学没有明确的教学目的,一般也不会要求或推荐学习大纲。因为多元智力理论最核心的教育理念是为语言学习提供支持系统,并致力于提高语言学习者认识自己的学习模式,并逐渐提高设计自己的学习模式的能力。

　　一些学者归纳出了多元智力法教学的四个总体步骤:①唤醒智力。在这一阶段,教师会把各种各样的任务带到课堂中。而学习者则可能感受一些柔软、粗糙、冰冷或光滑的事物,或是品尝甜、咸、酸、辣的事物等,即学习者通过摸、嗅、尝、看等不同的感知方式试图对他们周边的物体和活动的不同面更为敏感。②增强智力。学习者被要求带一些属于他们的东西到课堂中。而学生们被分成几个小组,此后他们从五种感官的角度对他们带到课堂中的东西进行描述,然后根据他们观察到的和讨论的东西完成相应的任务单。这一阶段的训练主要意在增强和提高学习者不同维度的智力水平。③使用智力、发展智力。在这一阶段,教师常常会为了增强学生特定方面的感知体验以及伴随着这些体验的语言学习而设计一些更为大型的课堂活动。学生在这个过程中可能被要求完成任务单以及一些小组活动和讨论等。④转变智力。这一过程常常关注如何将智力与日常生活联系起来并进行应用。学习者需要反思并总结此前三个阶段中的学习体验,以及思考如何将其与课堂之外真实世界中所面临的课题与挑战连接起来。举例来说,多元智力法中有一个较为经典的描述物体的任务,其中主要包括两个部分:一是倾听教师对课堂内某一事物的描述,学生们通过小组讨论一起猜出教师描述的是班级里的什么东西;二是学生们小组合作,每个人描述班级里的一个东西然后其他组员猜出他描述的是什么。这一活动主要可以帮助学生"发展语言智力(如表现为描述事物)、逻辑智力(如表现为猜出对方正在描述什么东西)、视觉/空间智力(如表现为决定如何描述某一事物)、人际交往智力(如表现为小组合作)、内省智力(如表现为反省自己在课堂上的参与度)"(Christison 1998)。

总体来说,多元智力法可以被应用到各种不同类型的课堂上,其中一些课堂更为重视学生对自身智力发展的设计,具体表现为课堂为学生提供实践并发展不同智力的活动,而学生在其中进行选择。在这一过程中,学生可以单独活动或与他人协作以聚焦在某些特定智力的发展上。而在另一些相对以教师为主导的课堂上,学生会经历一系列聚焦于发展不同智力的活动。这些活动通常是由教师选择和主导的。相比从传统的课堂中走出的语言学习者,多元智力理论指导下的语言学习者对自己的目标一般会有更清晰的认识,心态上也更幸福,因此他们更有可能成为优秀的外语学习者和使用者。

除此之外,也有一些学者讨论了关于如何更好地将多元智力理论与课堂进行结合的问题,意在探讨潜在的多元智力教师在他们各具特点的教学环境中应用多元智力理论的可能性,从而让课堂场景更好地配合学习者的需求。这些观点有的从理论角度出发,有的从教育角度出发,有的则从实践角度出发。主要可以被总结为如下几点:①发挥学生的优势。如果你希望一个运动员或一个音乐家(或者一个拥有其他才能的学生)成为一个投入且成功的语言学习者,教师可以围绕学生所具有的优势来为每个学生或拥有相近优势的群体安排和设计相应的学习材料。②保持课堂活动的多样性。提供一个由教师主导的具有多样性的班级活动,这些活动会需要八种不同的智力,这些活动一起组成了一个有趣、活泼且有效的课堂。③挑选合适的工具。语言有不同的维度、水平和功能。只有通过匹配最合适的多元智力活动才能最好地指导不同层面的语言学习。④不同个体,一种模式。每个个体都会实践所有的智力,尽管有时他们自己并没有意识到或低估了某些智力的价值。多元智力法致力于开发每个学习者完全的人格,而这也最符合该个体语言学习的全部需求。⑤我和我的同胞。智商（IQ）测试一向被认为重点测试西方更为重视的智力，而其他文化则有可能也重视除 IQ 所测试的智力外的其他智力。由于外语学习者在外语学习的过程中势必也会涉及文化学习，所以让语言学习者在一个承认并尊重多元化智力的环境中学习语言显得更为合适。为了进一步还原较为典型的多元智力法的教学过程，我们将通过案例展示多元智力法在汉语第二语言教学中的应用。

（教案见书后本章附录，视频课请扫描以下二维码。）

第四节　影响与评价

在学习者越来越显示出独特性的情况下，多元智力法由于能够针对不同特点的学习者设计出有针对性的语言学习指导方法而越来越受到推崇。相比于传统的教学法，多元智力法更像是针对学习者差异而开发出的一系列独特的观点。不管教师所推崇的教学理论体系是什么，多元智力法都可以为围绕学生智力上的差异性与独特性，为教师的课堂设计提供许多独特的创意。有些教师在实践的过程中可能会发现要鉴别出学生的差异性并据此做出有针对性的教学设计是不现实的或违背学生和学校的期望，因此可以说不管学校在多大程度上愿意以多元智力的方式展开教育或语言教学，对于多元智力法在实践过程中效果的监控仍然不可或缺。当然，自从多元智力理论诞生之后，对其的批判和指责也此起彼伏。其中对其最主要的质疑之一是加德纳对智力的定义问题。加德纳最初将多元智力定义为解决问题的能力，这些问题可能是至少在某一种文化中具有价值的问题，或者是学生们所感兴趣的问题。他排斥将某些人类的才能强制地排除出智力的行列，认为那是不合适的假定，但是后来他自己也发布了免责声明称他对多元智力更多的是艺术层面的划分，而非事实本身。罗伯特·J. 斯坦伯格（Robert J. Sternberg）等学者指出加德纳对智力的定义只是在否定传统智力定义的情况下，转而使用"智力"这一词汇来指代传统意义上的"能力"和"天赋"。而有的学者则指出加德纳选择和划分不同智力的标准带有很强的主观性，很难与其他的研究者对智力的划分形成相同的意见。此外,对多元智力的批判主要集中于认为加德纳未对他所定义以及划分出的多元智力进行测试。

总体来说,多元智力法的优势主要包括以下几点:①纠正了传统智力定义以及智力测试过分强调"言语-语言"智力和"逻辑-数理"智力的观念,试图揭示人类智力本质上所具有的广泛性与多元性。②影响了对学习效果的评价方式,由于此前对智力的认识较为狭隘,因此对学习效果的评价也自然地局限为仅仅测试学生是否记住了上课内容,纸笔测试是评价的主要方式。加德纳拓宽了对智力的定义并指出各种智力在个体身上相对独立,发挥着同等重要的作用。对智力认知的转变也使得人们对学习效果的评价更趋多元化,开始重视学生对所学习的内容的理解、应用、创造能力。③使传统课堂模式发生了转变,更注重因材施教。传统的课堂一般以教师讲、学生听为基本模式,所有的学生使用相同的教材。而多元智力理论的提出要求教师注意到学生们各具特色的智力组成模式以及认知过程,因此每个学生都是相对独立但同等重要的,不能以单一的方式进行授课。以外语教学为例,教师应该关注每个学生的多元智力组成和发展情况,并结合他们各自的优势、学习风格和方法进行针对性的教学。相比于传统课堂而言,多元智力法的课堂要求教师根据教学对象的特征准备相应的教学内容,并加入更多有针对性的实践机会。多元智力法的不足主要包括以下几点:①对智力的定义和划分还存在较大的争议,还未获得充分的数据支撑、实验检测和逻辑论证。加德纳所提出的一些亚智力是否合理也有待进一步的讨论和研究。②虽然有学者就外语教学课堂中如何实践多元智力法的问题给出了一些初步的步骤设计和课堂活动设计,但如何在外语教学的过程中调动不同智力的优势,使其协同发展,以及如何循序渐进地在外语学习中推动各种智力的发展还未得到充分的阐释。

第五节 小结

多元智力法是在对传统智力的定义以及智力测试越来越受到质疑以及脑科学迅速发展的背景下由美国的心理学家加德纳提出。多元智力法认为人们一般具有八种智力且一般有一两个优势智力,因此每个人的智力构成情况以及认知模式都存在差异,而每个人的智力又可以在适当的指导下在原有程度上有更多发展。虽然多元智力法最初在认知心理学中受到关注,但很快便被应用到学校教育以及外语教学中。其价值在于使人们越来越意识到每个学生的独特性并更重视发展学生不同的优势智力,促进学校对学生因材施教,提升素质教育水平。而缺点在于对多元智力的定义和划分需要进行更清晰的界定与阐释,且在外语教学中如何协调不同智力之间的关系,以及如何通过实践活动发展不同智力的问题仍需要更为科学化的阐释。

参考文献

1. 章兼中. 国外外语教学法主要流派[M]. 福建:福建教育出版社,2016.
2. Campbell L. How Teachers Interpret MI Theory [J]. Educational Leadership, 1997,55 (1):14 - 19.
3. Carroll J B. Human Cognitive Abilities: A Survey of Factor-Analytic Studies [M]. Cambridge University Press, 1993.
4. Christison M A. An Introduction to Multiple Intelligence Theory and Second Language Learning [J]. Understanding Learning Styles in the Second Language Classroom, 1998: 1 - 14.
5. Gardner H E. Frames of Mind: The Theory of Multiple Intelligences [M]. Hachette UK, 2011.
6. Gardner H. Multiple Intelligences: The Theory in Practice [M]. Basic Books, 1993.
7. Gardner H. A Reply to Perry D. Klein's "Multiplying the Problems of Intelligence by Eight" [J]. Canadian Journal of Education/Revue Canadienne de l'éducation, 1998,23 (1):96 - 102.
8. Gottfredson L S. The General Intelligence Factor [J]. Scientific American Presents, 1998,9:24 - 29.
9. Lazear D. Seven Ways of Teaching: The Artistry of Teaching with Multiple Intelligences [M]. Skylight Publishing, Inc. , 1991.
10. Sternberg R J. How Much Gall Is Too Much Gall? Review of Frames of Mind: The Theory of Multiple Intelligences [J]. Contemporary Education Review, 1983,2(3): 215 - 224.

第七章

沉默法、社团语言学习法、暗示法

本章将重点介绍 20 世纪 60 年代前后出现并受到外语教学界关注的沉默法、社团语言学习法以及暗示法。这三种教学法体系普遍受到当时心理学的影响，特别是当时蓬勃发展的人本主义心理学对沉默法和社团语言学习法都产生了重要的影响，这两个教学法都强调以学生作为教学重心。而暗示法则是创始人罗扎诺夫积极地将暗示学的主张应用到外语教学中的结果。由于这三种教学法与当时主流的教学法在观念上存在较大的差异，且在教学形式上显示出许多创新之处，因此常常被外语教学法研究者归为"另类的""非传统的"的教学法。

沉默法（The Silent Way）是美国数学家兼心理学家凯莱布・加特诺（Caleb Gattegno）于 20 世纪 60 年代首创的一种教学法体系，由他早前的沉默数学法移植而来。沉默法的核心理念是认为教应该从属于学，即认为教师在外语教学的过程中尽量少说话、不说话，而学生则应该多活动、多说话，从而让学生更为快速有效地掌握语言运用的能力。

社团语言学习法（Community Language Learning，CLL），又称咨询法（Counseling Learning），最早产生于 20 世纪 60 年代的美国，创始人是查尔斯・古兰（Charles Curran）。社团语言学习法是人本主义心理学在外语教学法上的重要体现，同时在遵循"以学生为中心"的教学观念上与沉默法显示出相同之处。其核心特征是在课堂上将教师定位为"顾问"，而将学习者定位为"病人"，"顾问"需要持续关注"病人"的需求，其另一突出特点是较为依赖学习者的母语，特别是在学习的初级阶段。

暗示法(Suggestopeida、Suggestopedy、Desuggestopedia)是由保加利亚的精神病疗法心理医师兼教育家乔治·罗札诺夫(Georgi Lozanov)首创的一种教学理念。由于暗示法强调在教学过程中增强人类的智力,因此也被称为"启发式外语教学法"或"启示法",有时也根据创始人的姓名将其称为"罗扎诺夫法"。暗示法将心理学上的一些主张应用于教育学和外语教学,其不仅作为一种外语教学法受到人们的关注,在其他非语言学科的应用上也获得了很好的效果。其作为外语教学法最先于1966年开始被应用到外语教学中,其区别于其他教学法的最为突出的特点是非常强调教室的装修、布置、音乐的使用以及教师的权威性。这主要是因为暗示法主张学生是一个完整的个体,因此应该尽量结合学生的无意识、潜意识等个体潜在的心理因素为学生创造高度的学习动机,从而顺利地开发人类智力并加速学习进程。

第一节　历史背景

沉默法一般被认为是以课堂中教师的沉默为主要特点的教学法,实际上其区别于其他教学法的最大本质是认为教应该从属于学,提倡学生在课堂上尽可能地多参与活动、多进行表达。加特诺1968年出版的《在学校里教授外语:沉默法》(*Teaching Foreign Languages in Schools：The Silent Way*)一书中首次介绍了沉默法。当时加特诺对于外语教学界而言还是一个局外人,而且由于加特诺对当时语言学研究成果在语言教学中所起的作用持怀疑态度,其创立的沉默法基本没有遵从当时已有的教育法的模式,而是完全基于他此前提出的教育学理论。因此在该书籍中加特诺很少提及当时主要的语言教学家和语言学家,而在他的书籍出版后的十几年内,他的研究成果也很少被当时的语言教学界所提及。在关注外语教学之前,加特诺曾负责设计数学和阅读相关的项目,这些工作经验为加特诺将颜色棒和色表运用到语言教学中奠定了重要的基础。

社团语言学习法是以学生一起决定学习内容为特征的教学法,其诞生与发展的过程受到人本主义心理学的深刻影响,其探讨的最为核心的问题是如何减轻成年人的学习负担,特别是在外语学习中的负担。而其解决方案是强调应该在教师和学生之间建立心理咨询中呈现出的那种相互关怀、尊重的亲密关系。该教学法由芝加哥洛约拉大学的咨询专家兼心理学教授古兰等人创立。古兰试图直接将心理咨询的经验和技巧运用到学习中,从而形成了"咨询-学习法"。社团语言学习法的特征正是积极地将"咨询-学习法"的相关理论运用到语言教学中,社团语言学习法借鉴了心理咨询过程中咨询师和咨询者的关系模式,给予语言教室中的教师和学生以全新的身份。其中教师被定义为了咨询师(counselor)的角色,而学生的身份则被定义为了咨询者(client)、协助者。关于这种教学法的理论,古兰自己并未做过多的阐述,反而是他的学生拉弗吉(La Forge)从语言学习社会性的角度对该教学法进行了较为详细的解释。而随着时代的进步,社团语言学习法的内涵也得到了进一步的丰富,如在互联网的发展潮流中涌现出了各种各样的网络社团,这些新型的社团以积极探索网络上的教学资源为特征,网络开始被作为信息共享的平台和学习者之间进行协作的重要工具。

暗示法的产生离不开当时传统教育教学严重落后于时代发展的大背景。暗示法的创始人罗扎诺夫认为当时传统教育存在诸多弊端,如忽视人类学习的潜能,特别是无视超意识这一心理学概念的存在;一味强调对人类大脑的研究,而忽视了情感、动机等因素对学习效果可能产生的影响;过于强调刻苦学习,而使得学生常常置身于充满压力的环境中,反而可能产生负面的效果。针对此前的教学法存在的诸多问题,罗扎诺夫于 1965 年开始组织领导暗示法教学小组,并于 1966 年开始建立暗示法研究所并开始在 16 所学校中开始进行实验。他的实验显示,学生在舒适、愉悦、轻松、柔和的环境中学习往往能达到事半功倍的效果。而这种环境的创造主要可以通过在课堂上配以轻柔、和缓的音乐而实现。此后,暗示法也开始逐渐传入更多的国家,从 20 世纪 70 年代开始世界各国对暗示法的关注达到了新的高度,纷纷开始进行暗示教学法的实验研究。

第二节　理论基础

一、心理学基础

沉默法的创始人加特诺本来就是心理学家,因此他特别强调沉默法所依赖的心理学理论基础。沉默法的代表性主张包括以学生为中心、降低学生的心理压力、积极帮助学生建立学习的独立性、自治性和自信心以及利用直观的教具、动作等创造特定的情境以帮助学生学习。这些主张主要来源于人本主义心理学强调应该关注人的尊严、心理情感、价值取向、需求层级、自我实现的观念。

社团语言学习法也受到人本主义心理学的深刻影响，在教学过程中非常重视人自身的情感意志、需求层级等在学习中发挥的作用。而在具体的教学方法上，社团语言学习法将心理疗法作为其方法论的原型，在这样的前提下师生的关系便演变为了咨询师和咨询者的关系，而师生之间是否能够建立相互尊重、关怀的亲密关系便成为影响教学效果的一个重要因素。另外，由于社团语言学习法通常采取小组集体学习的成人化的方式，这也成为其与传统外语教学课堂的一个主要区别。采取这样方式的主要原因是社团语言学习法将学习看作是"人们的学习"(In-person Learning)，即"学习并非是孤立的或与他人的竞争，而是一个统一的、个人的社会经历"(Curran 1976)，因此应该安排学生在一个心情舒畅的小组中，在全组学生中建立相互支持的热情以及相互帮助的责任感。

暗示法是将暗示学的原理应用到语言学习过程中的教学法，而暗示学本身是一门包涵了暗示各方面的学科。虽然在长期使用的过程中"暗示"逐渐被赋予了负面的意义，但从词根来看，"暗示"本来的意思是"放置、鼓励和建议"，由此罗扎诺夫提出暗示是一种交际因素，其目的是向人们提供适合自己个性的选择，从而使人的思维置于有意识和无意识，甚至是超意识之间不断进行积极的活动。在这一过程中，人们在寻求外部刺激和内部刺激和谐的基础上发挥自己的理智和直觉的作用而做出选择，而这种体验也能激发个体自身的潜能与创造性。

二、语言学基础

在语言学理论基础上，虽然沉默法的创始人加特诺认为过于烦琐的语言学理论反而会给沉默法的实行带来负面的影响，但从沉默法的主张中还是可以看出沉默法在语言教学上的侧重点。例如，沉默法强调以句子为教学的基本单位，其中又以祈使句为最先呈现的项目；在教学内容的呈现上要求按照由下而上的方式依次教授语音、单词、句子和语段，即要求将句子结构切分为单词结构，将单词结构切分为音素进行教学；在教学内容的编排上主要根据结构项目和词汇结构展开。这些行为都反映了其将结构主义作为语言教学组织的基本准则。

社团语言学习法的语言学理论基础则主要是社会语言学。古兰的学生拉弗吉将语言作为社会过程进行阐述的做法突出了该教学法所具有的社会语言学的痕迹。他认为"交流并不只是说话者单向地将一条信息传递给听话者，说话者对他所传递的信息来说既是主观的又是客观的……交流是一种交换,因此如果没有来自与听话者的反馈,则交流是不完整的""语言是人们,语言就是进行联系的人们,语言就是进行回应的人们"(La Forge 1983)。

暗示法的语言学理论基础主要体现为结构主义语言学和社会语言学。一方面,罗扎诺夫认为外语学习的目的是将其作为一种重要的交际工具,因此暗示法的本质是社会性的。另一方面,罗扎诺夫认为语言主要由词汇组成,因此词汇翻译成为一个重要的学习内容与手段。同时他指出语言的各个因素需要分别学习,并且通过大量的练习使其自动化。同时他认为对语言综合活动的分析在一般情况下是同时完成的。为了保证这种同时性,既需要在研究语言整体时注意其组成部分,也需要注意由于不注意语言的各个组成部分而造成的错误。从以上主张来看,暗示法对语言本质的认识是结构化的。

第三节　教学原则

沉默法的总体目标是帮助初级的学生使用目的语进行基本流利的表达,其最终目标是使学习者获得接近于母语表达者的语言流利度和发音水平。而衡量这一目标是否达成的主要标准是看学生是否能较好地用目的语来表达自己的想法、感觉和需求。沉默法认为要达成这一目标则应该着重培养学生对语言的自我意识,教师应该鼓励学生积极地对目的语进行探索并积极地帮助学生建立语言使用的内在标准。在这一内在标准形成之后学生便可以自己去判断他们的语言表达是否能够被接受。此外,沉默法的另一个目标是发展学生听、说、读、写的能力,具体表现为在听说能力的基础上发展读写能力。

沉默法的教学原则具体表现为:①教师应将注意力集中于学生如何学,而非老师如何教;②模仿和操练并非学生学习的主要途径;③学习包括训练、犯错、故意尝试、暂缓判断以及改正结论等步骤;④在学习中,学生要利用一切已知的事物,特别是它们的母语知识;⑤教师不应该干涉学习的过程。这些原则使得人们很容易将沉默法与传统的探索式学习联系起来,两者都将学习看作创作性地解决问题的一种活动。虽然现今完全使用沉默法进行教学的情况已非常少,但它提出的一些教学想法对后世产生了重要的影响,特别是在发音教学上许多教学法都对其有所借鉴。在具体的教学技巧上,顾名思义沉默是教师在沉默法课堂中使用的主要技巧之一。从初级阶段开始,学生说话的比例就被要求达到百分之九十以上。教师在课堂上保持沉默能使课堂的重心从教师向学生身上转移,教师被解放出来,因此能够有更多的时间来观察班级。同时教师的沉默也能在潜移默化中鼓励学生之间进行更多的合作,而教师在学生犯错时保持沉默能鼓励学生注意并自主地纠正错误。教师帮助学生发音的方式主要是用嘴型的方式告诉学生如何发音或使用某种手势。当教师说话的时候也倾向于只说一遍,这样就能让学生把注意力集中到自己身上。

　　总体来说,沉默法提倡学习者进行自治式的学习并希望他们能够积极地参与到课堂中,而在实现方式上教师主要通过混合使用沉默和手势等手段来集中学生的注意力、引导他们做出相应的反应、帮助他们形成纠正自己语言错误的能力。在具体的教学过程中沉默法非常重视发音,每一节课上教师都会花上相当多的时间来训练学生的发音。沉默法采用以结构为主导的大纲,并且将注意力集中在教授那些功能性强且用途多的词汇上,当然这些词汇的数量并不多。在练习方式上,沉默法提倡应该尽量避免翻译练习和死记硬背,而是让学生在有意义的上下文语境中进行练习,这种语境主要通过教师使用各种直观性的教具、动作、姿势、手势、实物来创造。沉默法的一个重要特征是颜色棒(Cuisenaire rods)的使用,颜色棒几乎可以被应用于任何教学场景中。此外,沉默法还积极利用颜色来帮助学生学习发音,如使用附有颜色的单词表来学习句子或利用颜色音图(Fidel charts)来教授拼写等。

　　社团语言学习法并未明确提出外语教学的目标,也没有固定的教学大纲或编制的教材,其教学内容主要是让学生们在课堂上进行有意义的对话、讨论真实生活场景中的人和事。讨论和对话的内容一般是大部分学生们希望进行口头讨论的话题或题材,教师也会补充相应的目的语的句子、语段、语法知识等以丰富课堂。从结果上来看社团语言学习法的课堂最后往往表现为翻译、抄录、录音等技巧的训练。因此如果要详细了解社团语言学习法上课具体的内容和流程,则可以参考这些训练留下的书面材料。在师生关系上,社团语言学习法认为学习者在学习过程中需要完成的任务主要是"领会目的语的发音系统,将词汇单元和基本的意义对应起来并建立基础的语法系统"(La Forge 1983)。而教师则主要类似于罗杰斯心理咨询中咨询师的角色,他们的任务主要是以冷静的、不带任何判断的、支持的态度去帮助咨询者分析并弄清楚自身的问题。

在具体的教学原则上,古兰将此前心理咨询方面的经验运用到学习,特别是语言学习中。社团语言学习法将学习视为包括认知和情感的一个整体的、有意义的过程,古兰将之称为"全人学习"(Whole-person Learning)。这种学习一般发生在教师和学生得以互动的交流环境中……在这样的环境中两者都能体会到自己是"全人"。在这种理念下,社团语言学习法提倡的原则主要包括:①应该在课堂中创建学习小组以呈现出社团的概念,并将学习小组间的相互影响视作增进学习效果的重要工具。②应该关注学生在学习过程中的感受并承认学生在语言得过程中可能碰到的困难。社团语言学习法强调让学生参与到课堂中,非常关注学生的情绪、感受、语言知识、行为模式等,"社团语言学习法将学生的感觉、想法和知识以及其在目的语中正在学习的内容融合在一起,这种想法和相应练习的终极目的是实现人的自我与自尊,而尽可能地远离自我否定……帮助学生做自己,接受他们自己,为自己骄傲,在外语课堂上创造充分关爱、乐于分享的气氛"(Moskowitz 1978),因此社团语言学习法也被认为是具有人性化的教学技巧的一种教学方法。

社团语言学习法非常受关注的一个重要原因是其提倡在课堂中进行的任务和训练方面相比于传统语言教学法有了较大的创新。课堂中一般进行的任务包括翻译、小组活动、录音、抄录、分析、反思与观察、听力、自由对话等。以翻译和小组活动为例,进行翻译练习时学生们需要围成一个小圈,一个学生小声念出他/她想表达的信息或意思,老师将它翻译成目的语(或使用目的语对其进行阐释),然后学生们重复老师的翻译。小组活动也是社团语言学习法经常使用的练习方式。学习者需要参与各种不同类型的小组任务,如围绕一个话题进行小组讨论,一起准备一个对话,一起准备对某一话题的总结并将其展示给另一个小组,准备好一个故事并向全班以及老师进行展示等。

暗示法最主要的目标是迅速地提高对话的流利度,将学习成功的基础建立在学生能够记住大量词汇组合之上并向学生暗示他们可以为自己设立这样的目标。当然罗扎诺夫所强调的记忆力提升并非仅仅是技巧上的提升,他认为更多的是来自于"对人性积极而富有包容性的激励"(Lozanov 1978)。而在具体的实现途径上,暗示法认为周围感知和情感刺激能够可靠地起到暗示和控制的作用,具体的手段主要可以通过以下几种方式在课堂上实现对学生的暗示:①建立教师权威,这是因为暗示法认为人们更容易相信和记忆关于或发自权威人物的信息。同时建立教师的权威对课堂上形成幼稚化的气氛具有良好的推动作用。当教师的威信得到提升的同时，学生们更容易感觉自己是小孩而在语言学习时感觉轻松、愉快、自由和自信。②情境，暗示法认为课堂中呈现出的教学情境与语言学习是否成功存在直接的联系。教学情境主要指教室的布置、光线、伴随学习材料出现的音乐场景以及课堂中教师呈现出的个性与权威性。暗示法的课程一般持续30天，一周6天，一天4个小时，一共包括10个单元的学习。每个单元的学习重点是一篇包括1200个左右单词的课文对话，并常常附有单词表和语法总汇。但是暗示法的课程体系也会根据不同的教学目标和学生情况而产生不同的变体。其根本原因是对于暗示法而言，最重要的因素并非课时的数量，而是让学生尽可能地进入并沉浸在暗示法所设置的心理环境中。为此，它强调应该在所有的教学和活动前进行一种具有"安慰"效果的仪式。这些事前的准备都是为了向学生暗示他们将在一个轻松、毫不疲惫的环境中进行之后的学习，从而充分地发挥人脑的潜力并使学生逐渐接近超级记忆的能力及超效能的创造性学习的状态。

在具体的教学原则上暗示法主要强调以下三点：①保持学习过程中学生的心理放松的、心情愉快的、"非紧张性专注"的状态，其目的是创造情感放松的条件使得学习过程中智力和创造性的活动不受干扰。②在学习过程中不断刺激和发挥意识及超意识协调整合个性的作用，使许多原始层面的感知和类化的概念能够被推入超意识的层面，从而使得较高层面的代码和符号能够出现，即通过协调意识和超意识的关系，能够促进学生分析和综合能力的提升，从而使得学生在更接近自然心理生理规律的情况下提升其态度和动机。③重新组织教育过程，使其更接近于心理治疗和特定暗示关系的组合，并使其始终作用于人的潜能上。同时暗示法强调以上的原则需要同时被应用到教学过程中才能使整个学习过程更为容易愉快，并使学生的复合潜能得到开发。

第四节　教学过程

沉默法由于受到结构主义语言学的影响，而一般采取从下而上的教学方式。其教学过程常常遵循以下步骤：第一步教语音（按照元音在前，辅音在后的顺序），第二步将语音连接成单词，第三步将单词连接成句子，最后将句子连成语段。教学过程中教师一般通过利用彩色棒、颜色音图、实物、姿势、手势等直观的手段为学生理解并记忆词汇创设适当的情境。沉默法认为在整个过程中应该尽量控制引入的词汇的量，要求引入的词汇最好能够组成大量不同的句子。值得注意的是，沉默法中使用的很多教学方法早在加特诺提出沉默法之前便已经形成了，这是因为加特诺此前曾将这些方法用于数学或母语拼音的教学，所以可以说沉默法是加特诺将这些原则运用于语言教学而形成的特殊案例之一。沉默法一般不组织正式的测验，教师通过对学生的观察对其表现进行评分。

社团语言学习法将外语学习分为五个阶段：①"出生"阶段，学习者感受到安全感和归属感正在逐渐建立起来；②当学习者的水平得到提升之后，他们从家长（咨询师、指导者）那里获得一定的自由；③学习者能够独立地进行表达；④学习者能够接受被批评和被纠正，而同时在这一过程中他们感觉自己是安全的；⑤孩子变成成年人并成为知识的掌握者。在学习的初级阶段，教师需要将学生想表达的内容翻译为目的语并让学生模仿，以使学生逐渐领会目的语的发音特点和模式。此后当学生的外语水平足够进行外语对话时，教师便会让学生相互之间不断使用外语进行交流，并决定想要讨论和学习的话题。在这些阶段中，教师的作用主要是在旁边观察并在学生需要时给予帮助。在学习的最后阶段，学生已经能够脱离教师的帮助，较为独立地进行自由活动和自主学习，而教师的作用主要是为学生提供安全的环境，帮助他们保持心情的舒畅，并提供一些更为高级的语法结构以供参考。值得注意的是，在学习的初级阶段，社团语言学习法遵循自然法的原则，不强迫学生进行表达，直到他们积累了一定的词汇和听力的基础之后再让对话自然地发生。

对于暗示法而言，一般有一个固定的课程模式，并常常能具体到每个单元。以单元学习的模式为例，老师一般会花 3 天的时间来学习 1 个单元：第一天——半天，第二天——一整天，第三天——半天。在第一天的学习中，教师会讨论该单元对话的总体内容（一般不包含结构）。之后学生会收到一份有母语对照的、打印好的课文对话，学生可以向老师提出任何疑问或感兴趣的部分。接着学生们再把课文读两遍并在此基础上进行讨论。第二天和第三天分别是对课文对话进行精讲。在第二天的精讲中，主要对课文及课文中涉及的 150 个新单词进行模仿、提问、回答、阅读等。而在第三天的精讲中则主要是教师鼓励学生在课文对话的基础上尝试进行新的结合以及生产新的内容。同时教师也可能会让学生阅读一个与课文内容相关的故事或论文,学生需要在阅读过程中参与到相关的对话中或担任小的朗读角色。在具体的教学步骤上,暗示法一般遵循如下基本步骤:①复习之前所学的语言材料;②教师以极简洁的方式介绍新的语言材料,并以手势、表情等向学生暗示吸收的过程已经开始,学生第一次熟悉新教材的关键主题;③老师伴随优美动听的音乐生动地朗读对话,并随着音乐变化自己的语调和节奏,学生跟着教师朗读的速度轻声跟读或记笔记;④老师简短朗读几分钟让学生听音乐,或让学生休息一段时间后欣赏画作,布置作业让学生在家里自行进行朗读;⑤第二天通过角色朗读、翻译等手段让学生运用已学的语言知识,以提高学生的口语及书面的交际能力。

第五节　影响与评价

总体来说,当时三种教学法得以产生都离不开当时心理学的迅速发展,特别是以马斯洛、罗杰斯为代表人物的人本主义心理学派。人本主义重点研究人的需求、动机、态度、潜能等与人的内在本性相关的因素,兴起于20世纪五六十年代,并于七八十年代得到了迅速的发展。同时人本主义也对当时的外语教学改革产生了重要的影响,本章中所介绍的沉默法和社团语言学习法都以人本主义心理学为重要理论基础,暗示法也非常注重对人的复合潜能的开发。

沉默法和社团语言学习法都非常重视学习过程中人的因素。如沉默法十分注重教师和学生良好关系的建立,同时也将培养学生独立学习的能力和自信心作为学习的主要目标之一。为了实现以上目标,教师需要帮助学生维持积极学习的态度,不断鼓励学生发挥自己的特长,积极地参与到语言实践的过程中。沉默法的优势主要还包括:①提倡教从属于学,以学生为中心,因此学生进行语言实践活动的时间能够得到保证;②与此前传统教学法中教师展示和讲解为主体方式不同的是,沉默法中教师使用的教具更为直观,不仅有助于培养学生形象化的思维,也更有利于创造更为活泼生动的课堂氛围。同时不可忽视的是沉默法由于过于强调学生在课堂中的作用,教师不能在课堂中很好地起到教学、示范的作用,在一定程度上限制了学生接触目的语发音、使用习惯和思维习惯的机会,而且沉默法从建立学生自信心的角度要求教师不纠正学生的语言错误，从长久来看会影响学生语言使用的准确性。

社团语言学习法也受到人本主义的影响，其最为核心的特征是将外语课堂中教师和学生的关系看作是咨询师和咨询者，并要求增进师生之间相互依赖、信任的关系以帮助学生更好地完成自我发展和自我完善。其得名的原因是课堂采取小组集体学习的形式，教学对象一般是成人。其最为显见的优势是不管学习者本身的性格和文化背景如何，都被要求参与到课堂的讨论和活动中，因此能够保证一定量的社交活动和文化适应在课堂上发生。但同时正由于它强调在一个多元的社团中学习外语，学习者在这样的环境中无法避免会遇到一些困难。因为拥有不同文化背景的社团成员在思考、行动和写作的模式上势必会表现出差异，而社团成员可能同时包括目的语的母语使用者和非母语使用者。调查显示当学习者置身于多文化的背景中时，他们更倾向于和熟悉自己文化的团员交流，而与不太熟悉他们语言和文化的母语使用者则可能交流过少。因此外国团员在表达时生产出的句子往往不够地道甚至对于母语使用者而言非常奇怪的句子。且由于他们成长和受教育的背景都不尽相同，在人生的早期阶段便形成了不同的价值观、意识形态及思考逻辑，所以他们在使用目的语进行表达时可能显示出截然不同的特点。对于社团中的母语使用者而言，他们可能由于不精通外国语言和文化而选择拒绝与外国成员交流。因此，在社团语言学习法这样充斥着不同文化的课堂中，各个成员如何重新找到并随时调整自己的定位是一个困难但急需要解决的重要课题。

暗示法作为直接从暗示学中吸取精华而创立的外语教学法，所提倡的以更科学的方式来控制并展开教学的观念对当时的外语教学界而言是一股新鲜的力量。暗示法的优势主要在于，相比传统的教学法，其采取了更为科学化的体系，试图探索如何发挥学生无意识、有意识和超意识的统一来使学生的潜能得到充分的发挥。但是暗示法也受到了当时一些应用语言学家的严厉批评，认为暗示法所提倡的是排除其他科学方法的伪科学，其提出的教学条件在正常情况下是很难得到满足的，且整个过程中过于强调母语的作用，这些都可能对外语学习产生负面的作用。但不可否认的是，暗示法中提出的教学技巧是卓有成效的，且其关于如何创造暗示情境促进学生更快更好地吸收教学内容的研究也对外语教学法的改进完善具有借鉴意义。

第六节 小结

沉默法、社团语言学习法和暗示法都是在 20 世纪六七十年代左右被创立并迅速得到发展的外语教学法。其发展都受到了当时心理学的深刻影响，特别是同时期蓬勃发展的人本主义心理学的影响。其中沉默法由美国数学家兼心理学家加特诺创立，社团语言学习法由美国的心理学教授古兰创立，暗示法由保加利亚的精神病疗法心理医师罗扎诺夫创立。这些教学法虽然由创始人不同的背景而衍生出了不同的方法特征，但其共同特点是都强调在教学的过程中应该尽量减少学生的焦虑并尽可能地激发学生的学习动机与潜能。这些教学法的集体涌现与时代关系密切，在当时欧洲、美国动乱的社会背景下，不管是语言学还是心理学都越发反对将人的学习等同于动物的学习，因此行为主义心理学、结构主义语言学以及外语教学法中单纯强调机械训练的听说法都受到了强烈的批判。沉默法、社团语言学习法和暗示法正是在这样的背景下首先在欧洲、美国等地受到关注并随后被传播到了世界各地。

参考文献

1. Bancroft W J. The Lozanov Method and Its American Adaptations [J]. The Modern Language Journal，1978,62(4):167-175.
2. Curran C A. Counseling Skills Adapted to the Learning of Foreign Languages [J]. Bulletin of the Menninger Clinic，1961,25(2):78.
3. Curran C A. Counseling and Psychotherapy: The Pursuit of Values [M]. Sheed and Ward，1968.
4. Gattegno C. Teaching Foreign Languages in Schools: The Silent Way [M]. Educational Solutions World，2010.
5. Gattegno C. The Common Sense of Teaching Foreign Languages [M]. Educational Solutions World，2010.
6. Krashen S D & Terrell T D. Natural Approach [M]. New York: Pergamon, 1983.
7. La Forge P & La Forge P G. Counseling and Culture in Second Language Acquisition [M]. Janus Book Pub/Alemany Press，1983.
8. La Forge P G. Community Language Learning: A Pilot Study [J]. Language Learning，1971,21(1):45-61.
9. Lozanov G. Suggestology and Outlines of Suggestopedy [M]. Gordon and Breach，1978.

10. Lozanov G & Gateva E. The Foreign Language Teacher's Suggestopedic Manual. [J]. Gordon and Breach Science Publishers，1988.

11. Moskiowitz G. Caring and Sharing in the Foreign Language Cllass[M]. Newbury House，1978.

第八章

交际语言教学法

交际语言教学法（Communicative Language Teaching，CLT）诞生的背景可以追溯至 20 世纪 60 年代英国的语言教学传统发生巨变的时期。在此之前情境教学法是英国的英语教学中广泛使用的方法，这一教学法的特征是让学生在有意义的情境活动中练习基础语言结构。而随着教学的深入越来越多的应用教学家们开始质疑情境教学法背后的理论假设。同时期的美国曾经广受欢迎的听说法背后的语言学理论也开始受到质疑。越来越多的教育学家开始意识到仅仅在情境活动的基础上去追求预测语言的幻想是没有未来的，而外语教学真正需要的是对语言本身进行更为细致的研究，并积极关注语言如何被使用，因为语言的使用中既包含了意义，又包含了说话者想要表达的思想内容或行为意图。交际语言教学法正是在这样的背景下于 20 世纪 70 年代初诞生于那时以英国为中心的欧洲共同体国家。

交际语言教学法在最初产生时强调应该教学生如何用语言叙述事情和表达思想，即强调语言在社会中的功能，因此在初创时被称为功能法（Functional Approach）。"功能"的概念在欧洲的人文科学中常常被表达为"意念"，这两个要素在说话者叙述事情、表达思想的过程中常常紧密联系。更具体来说"意念"是功能作用的对象，即功能法在组织教学时一般将学生需要掌握的意念项目作为主要线索编写大纲，这些意念项目一般为介绍、感谢、道歉、请求、询问、同意、拒绝等等。因此，功能法也常常被称为"功能-意念法"。后来随着外语教学法的改革与发展，交际能力的培养在语言学习中的作用越来越凸显，甚至开始被视作是外语教学最根本的目标。而由于功能法本身便强调以语言功能为纲、以发展学生的交际能力为核心目标,有些教学法家认为"交际语言教学法"更能体现这个教学法的特点,所以现在一般使用该名称来指代本来的"功能法"或"功能-意念法"。本章将主要就交际语言教学法的历史背景、理论基础、教学原则、教学过程以及影响与评价进行介绍。

第一节　历史背景

20 世纪 70 年代以来,国家和国家之间的关系日益紧密,联系也日趋频繁。特别是第二次世界大战之后欧洲共同体的建立并经历了不断融合的过程,在 70 年代西欧各国在政治、军事、经济、科学文化等领域的合作达到了前所未有的程度。而随着加入共同体的国家数量的增加,语言沟通成为一个突出的问题,具体表现为在各成员国一同会面时需要大量的翻译来满足沟通的需求,这直接妨碍了各成员国之间沟通的效率和效果。在这种时代背景下,如何更快更好地培养出大量掌握外语交际能力的外语人才成为了当务之急。由于此前 20 世纪五六十年代欧洲和美国广泛采取的情境法或听说法、视听法着重讲解语言形式体系,而忽视了对学生语言应用能力及交际能力的培养,也没有统一的教材或教学大纲,所以造成了外语教学质量的低下。由于推动文化和教育合作也是欧洲共同体的一项重要工作,在意识到外语教学法改革的迫切性之后,欧洲共同体开始将发展适应需求的代替性的教学法提上日程,具体表现为出资赞助语言教学会议的召开以及相关书籍的出版,并积极致力于推动国际应用语言协会的成立。由此,欧洲共同体欧洲委员会文化合作委员会先后召开了专题座谈会和多国专家会议,讨论建立针对成年学习者的新现代外语教学体系以及制定统一的欧洲现代语言教学大纲。这些会议的结果是诞生了一批很有影响力的阐述功能法的文章,主要阐释语言是交际工具以及意念大纲作为教学安排出发点的观点。此后专家们在此前理论研究的基础上分别制定出了欧洲主要语言的教学大纲,包括一百多个专家合著的《入门阶段》(*Threshold Level*,1975)、约翰·威尔金斯(John Wilkins)的《意念大纲》(*Notional Syllabuses*,1978)、亨利·G. 维多森(Henry G. Widdowson)的《交际法语言教学》(*Teaching Language as Communication*,1978)等。这些交际语言教学法的代表性著作的出版与应用标志着交际语言教学法的诞生与逐渐完善。

除了时代背景的改变对外语教学提出的新挑战和要求之外，也有学者认为美国语言学家诺姆·乔姆斯基(Noam Chomsky)对语言本质的阐述也对交际语言教学法的诞生形成了一定的推动作用。乔姆斯基在他的经典著作《句法结构》(*Syntactic Structures*)将矛头对准了当时的结构语言学理论。他认为当时标准的结构语言学理论不能很好地解释语言的特性，特别是当涉及那些富有创造性和独特性的句子时。而当时的一些英国应用语言学家如克里斯托弗·坎德林(Christoper Candlin)和亨利·G.维多森则开始强调语言潜在的功能性和交际性，语言的这一侧面显然没有在之前的外语教学法中得到关注和阐释。在这样的观念下他们提出语言教学的中心应该是发展学生的交际能力而非仅仅让他们掌握语言结构。持这种观念的学者引述了很多来自弗斯(J. Firth)、韩礼德(M. A. K. Halliday)等英国功能语言学家以及美国的社会语言学和心理学方面的观点，因此交际语言教学法的诞生和迅速发展与这些学者的努力也关系密切。

总体来说，交际语言教学法的诞生与迅速发展是时代的产物，也是多方合力的结果。交际语言教学法的广泛应用离不开当时欧洲共同体的积极努力，也离不开约翰·威尔金斯、亨利·G.维多森、克里斯托弗·坎德林等英国著名应用语言学家对其理论基础的精彩阐释以及教材编写者对其核心理念的准确理解与应用。当时英国的语言教学者、课程发展中心以及政府的积极推动都加速了其被广泛应用的速度。

第二节　理论基础

一、语言学理论

观察交际语言教学法的语言学理论基础，可以发现其对各语言学派成果的采纳不拘一格，非常丰富，甚至令人觉得有点驳杂。对于交际语言教学法而言，一个最为基本的理论基础是"语言是一种交际的工具"，即交际语言教学法建立在"社会交际功能是语言最为本质的功能"的认识之上。在此前结构主义语言学的研究中已经开始将语言区分为"语言"和"言语"两部分，前者主要将语言看作是社会约定俗成的符号系统，后者则将语言看作是人们使用的交际工具。乔姆斯基将语言的这两个维度概括为"语言能力"(Linguistic Competence)和"语言运用"(Linguistic Performance)。乔姆斯基认为语言学理论的重心是描写出那些使说话者得以生产出语法正确的句子的抽象的语言能力,因为他相信只要人们掌握了这些高度抽象的语言能力之后就能创造出无限的句子来。但是他自己并未试图将这一理论应用到外语教学实践中,只是一些认同乔姆斯基转换生成语法的教学实践者在课堂中积极强调认知规则的重要性。

除了乔姆斯基的转换生成语法之外,交际语言教学法还积极采纳了社会语言学的研究成果作为其理论基础。这是因为以往的外语教学法多将语言看作是独立的符号系统,而很少将使用语言的人以及语言使用的社会情境纳入语言教学中,这势必导致语言的交际功能受到忽视。因此为了与此前的教学法形成区别,交际语言教学法积极关注语言的社会功能,并将社会语言学作为自己最为重要的语言学基础。其中较有代表性的是美国社会语言学家 D. H. 海姆斯(D. H. Hymes)对语言能力内涵的补充以及对交际能力特征的描述。海姆斯认为乔姆斯基对语言能力的解释过于狭隘。他认为语言学理论应该从属于一个包含交际和文化的、更为宽泛的理论系统,即他认为语言能力应该包括一个说话者在一个语言社区中为了达到合适地运用语言而所具备的所有能力,因此他强调语言学习者不仅需要知道如何造出合乎语法规范的句子,还需要知道如何在合适的情境中使用该句子。在这一观念的基础上他提出了衡量交际能力水平的四个主要特征:①能够辨别某一用法是否(以及在多大程度上)合乎语法和规范;②知道如何在不同的环境中使得某一用法变得更为合适;③可以根据语境来判断某一用法是否(以及在多大程度上)是可接受的(具体表现为充分的、愉快的和成功的);④知道某一用法是否(以及在多大程度上)是具有个人特征的使用还是合乎一般规则的使用,即需要知道某一用法出现的或然性(Hymes,1972)。总体来说,海姆斯对交际能力的认识主要围绕抽象的语法知识展开,相比此前乔姆斯基对竞争的解释显得更全面。他所提出的交际能力的特征也构成了交际语言学的目标,是"帮助学生发展交际能力"(Hymes,1972)的具体内涵。

此外,交际语言教学法的另一重要社会语言学理论基础是韩礼德的理论。韩礼德认为"语言学的研究本质上是对语言行为及语言材料的描述,因为只有通过对使用中的'活语言'的研究才能理解语言的真正功能,并使得组成意义的全部成分得到关注"(Halliday 1975)。韩礼德在很多很有影响力的书籍或期刊上发表过关于语言功能理论的文章,常常被看作是对海姆斯等人提出的"交际能力"理论所进行的强力补充。韩礼德曾描述过孩童在学习母语时语言所发挥的七种基本功能:①工具功能:使用语言来获取东西;②调控功能:使用语言来控制他人的行为;③交互功能:使用语言来与他人实现交互;④人际功能:使用语言来表达个人情感和思想;⑤启发功能:使用语言来学习和发现;⑥想象功能:使用语言来创造一个想象的世界;⑦表达功能:使用语言来沟通信息(Halliday,1975)。因此很多交际语言教学法的倡导者也会将外语学习看作是学习不同功能对应的语言形式的过程。从更为抽象的语言功能观来说,韩礼德所提出的系统语言学将语言的功能分为三种:认知事物的概念功能、建立和维持人际关系的功能、连贯脉络的语篇功能。他所说的语言的后两种功能此前一直为外语教学界所忽视。在这种认知基础之上,他强调对句子以上的语言单位进行分析,即语段分析或语篇分析(Discourse Analysis),一下子将语言的本质从"产生结构的体系"变为了"表达意义的体系"。除此之外,交际语言教学法的其他倡导者也分别从不同角度对语言交际本质提出了自己的看法。如交际语言教学法的另一个代表人物维多森在他 1978 年出版的《在交际中教授语言》(*Teaching Language as Communication*)一书中探讨了语言系统和它们在语段或语篇中显示出的交际价值两者之间的关系,他重点研究了那些不同目的下使用语言的隐涵能力相对应的外在交际行为。卡纳莱和斯温(Canale & Swain 1980)的重要贡献在于定义了交际能力的四个维度:语法能力、社会语言能力、语篇能力、战略能力。"语法能力"指向语法和词汇能力的范畴,对应乔姆斯基所说的语言学上的能力,或者海姆斯所说的"合乎语法和规范"。"社会语言能力"指理解交际发生的社会情境的能力,包括交际活动参与者的角色关系、共享的信息以及他们进行交际活动的目的。"语篇能力"指解读组成信息的各独立元素的能力,具体表现为解读各元素之间的相互关联,以及意义如何通过各元素与整个语篇之间的关系而展现出来。"战略能力"指交际者在开始、停止、保持、修复、重新定向一个交际行为时所采用的应对策略。值得注意的是,卡纳莱、斯温对竞争能力的阐述是对海姆斯竞争能力模型的拓展,事实上两人的观点在之前也由其他学者进行过更为详尽的阐述。因此交际语言教学法对竞争能力的认识和阐述经历了层层精简提炼的过程而最终在海姆斯那里得到了最为精简的概括和阐释。

二、心理学理论

众所周知,交际语言教学法也被称为"功能-意念法",其中功能是从语言学的角度出发强调社会交际功能是语言最为本质的功能,而意念则是心理学中的概念,属于思维的范畴。心理学上认为思维是人类共有的,其发生、发展和变化是人脑反映现实的过程,因此即使使用的语言不同,世界各民族之间的思维活动形式存在相同之处。因为人的思维可以分为数量有限的意念范畴,各意念范畴内部又可以细分许多意念项目,所以交际语言教学法认为教学的对象包括语言表达形式和语言表达内容,语言表达形式是对语言的外在组织形式的学习,而语言表达内容则主要根据需要学习的意念项目来组织。而由于人类在思维上存在共同性和普遍性,所以必然存在相应共同、普遍的意念项目。由此在编写供多个语言使用群体共同使用的外语教学大纲时,一些常用的意念项目就成了语言教学中的共核。如由欧洲共同体推动编写的《入门大纲》便指出了一般意念和特殊意念的差别以及两者与教学的联系。其中特殊的意念范畴则与教学过程中涉及的讨论题目相关,对应要求学生学习一定数量的词汇项目。而一般意念被分为了以下八个意念范畴:表示存在、表示空间、表示时间、表示数量、表示质量、表示精神或心理、表示关系、表示指代。这些意念范畴可以作为教材编写的纲目和指导,同时在这些大的意念范畴下还有更细致的分类。对这些意念范畴的掌握常常需要学生掌握一定量的句子、短语或单词。在具体的教学过程中,交际语言教学法采纳心理语言学的功能派的主张,认为外语学习的目的并非让学生像使用母语一样使用目的语,因此学生在使用语言进行交际的过程中犯错是正常的现象。他们指出犯错是学生的语言水平通往更高水平的过程中必然会经历的过程,也可能是学生对一些语言项目如何使用的积极探索。因此如果教师不断地去纠正学生的语言错误一方面会影响交际活动的顺利进行,另一方面也可能会挫伤学生学习的动力和积极性;交际语言教学法反对有错必纠,主张教师要容忍那些不影响理解和正常交际的表达,让学生在今后的交际活动中逐渐意识到并纠正自己的语言错误。

第三节　教学原则

一般而言,很难具体描写出交际语言教学法的具体目标,因为这一教学法认为语言学习的过程反映的是学习者特定的需求,这种需求可能具体表现为阅读、写作、听力或口语中的一种或几种。这些需求都可以通过交际的方式去达成。因此在没有涉及具体学生的交际需求和实际语言水平的情况下,只能描写出交际语言教学的总体目标,如 H. E. 皮福(H. E. Piepho)便将学生可以通过交际语言教学法达到的水平描述为以下几种:①完整而令人满意的水平(语言作为一种表达的工具);②语言学性的、指导性的水平(语言作为一种符号系统和学习对象);③人际关系和行为的感情水平(语言作为关于自己或他人的价值和判断的一种方式);④个体学习需求水平(基于错误分析的一种补救性学习);⑤普遍教育中语言学之外的目标水平(学习课程内的语言学习)(Piepho 1981)。

此前语言学家对交际语言教学法的讨论主要从语言交际不同功能维度的角度出发,但对于在背后支撑该教学法的学习理论却鲜少关注。我们现在只能从交际语言教学法的具体教学实践中找到关于交际语言教学法背后学习理论的一些痕迹。为了使交际语言教学法获得成功,一般需要遵循以下原则:第一,应该遵循交际原则,即在课堂中需要进行那些能带来真正的交际并能增进学习效果的活动。第二,应该遵循任务原则,即课堂中需要进行那些使用目的语来执行有意义任务并增进学习效果的活动。第三,应该遵循意义原则,那些能够使学习者的语言使用变得更有意义且更原汁原味的活动更容易在课堂上进行,以保证学习者学习到的是对他们相对更有用的内容(Littlewood 1981;Johnson 1982)。以上学者在对交际语言教学法背后的学习理论进行探讨时重点关注的是能使外语学习获得更好效果的因素和条件,而这些学习原则与此后的任务型教学法所提倡的原则也存在诸多相通之处。

在学习的教材上,一般按照学生的需求交际语言教学法提供了四种类型的教材以供使用:①纯粹功能型教材。这类教材一般以功能为大纲,搭配以一些能实现特定功能的句式或短语。由于句子结构和语法规则并不按照难易度的顺序排列,不利于学生学习并运用目的语的语法系统,所以这类教材很少用在课堂教学中,而比较多地出现在一些旅游类外语手册中。②"结构-功能"型教材。这类教材的特征是在语法结构上按照难易度排列，但同时在教学内容的选取上希望能体现语言的社会功能。由于需要同时兼顾语言的结构特征和功能特征来进行编排，其结果功能项目常常散落在不同的章节中，不成体系，不利于学生交际能力的稳步提高。③"功能-结构"型教材。这类教材以功能为编写的主要纲目、结构为辅，因此学生在同一功能的学习中可能碰到从易到难的多种语言结构，对于初学者而言可能具有较大的挑战性。④题材性教材。这类教材综合了以上第②③种教材存在的弊端，试图把题材、意念、功能和语言结构综合地编排到教材中，兼顾语言形式和语言功能的系统性。在具体的操作上，这类教材通常会选取日常生活中经常使用或社会交际功能所需要的主题、意念或功能，如自我介绍、请求、问路、买东西、问时间等作为题材，并按照不同的情境分阶段地、从易到难地编排这些主题。对于学生而言，对于教材中出现的每一个题材，不仅需要掌握相关的语言结构和最基本的交际模式，也需要掌握可能由这一题材演变而来的其他情景。因此这类教材无论是对于学生综合交际能力的提高，还是更系统地学习表达某一题材时所需要的结构，都具有较好的指导意义。这类教材中较为典型的是由亚历山大（L. G. Alexander）和金斯伯雷（P. R. Kingsbury）共同编写的《跟我学》（*Follow Me*，1979—1980）以及由纽克勒斯（Nucleus）编写的《焦点英语》（*English in Focus*，1975—1976）。

由于交际语言教学法的原则一般可以被应用到任何教学技巧中，同时也可以被应用到任何水平的教学中，而且交际语言教学法所讨论的课堂活动和练习种类过于丰富，所以要概括出交际语言教学法的特征并不容易。总体来说，交际语言教学法的教学目标主要有以下两个：一是发展学生听说读写交际能力，其中口语流利度优先于准确性；二是能够把握语言的功能和意念项目，并在实际的交际场景中加以应用。

在以上目标的基础上，交际语言教学法确定了以下四个原则：①以学生为中心，即交际语言教学法认为学生是学习中的决定性因素，教师应该从学生的实际需求出发确定教学目标，并选定他们认为最能帮助学生发展其交际能力的教材、教学内容和课堂活动。最后呈现出的教学效果是教师、学生、教学目标和教学内容共同作用的结果。②从照顾不同学生的学习目标和需求的角度出发，将其分为不同的小组，并实现"单元-学分"体系。这一体系的建立首先要求对学生外语学习的需求和目标进行调查，并在这一基础上将其分为水平不同的小组。教师需要为每个小组明确自己的目标并保证各个小组之间的目标是一个相互联系的有机整体。组内每个学生也会列出若干语言学习目标,有相同目标的学生一起学习同一单元的课程。不同小组的学生如有相同的语言学习目标也可以另外编组共同学习一个单元。单元之间相互联系,学生们根据需求有机地进行分组单元学习并获得相应的学分,从而使得学习的效率得到较大的提高。③尽量使教学过程交际化,综合运用交际活动中可能涉及的要素。对交际活动的选择上,相比语法操练、写作和阅读的练习,教师一般更偏向于口语活动。这是因为口语活动常常能引发积极的对话,来自学生的回答往往是充满创意且出人意料的。同时根据学生水平的差异教师选择的活动也会存在差异。④为有需求的学生重点发展其外语专用能力。考虑到部分学习者可能出于特定职业发展的需求而需要掌握在所学专业知识范围之内进行口头和笔头交际的能力,专业外语能力正是这种为了与特定职业或目标对接所需要的外语运用能力。专业外语能力的培养要求让整个学习过程交际化,并针对学生的不同需求为他们设计安排相应的交际活动,提高他们在特定领域中使用外语进行交际的能力并帮助他们掌握某一领域外语的特定用语和结构。对于专业领域的人员而言,他们的工作有不同的特性与要求,因此一般不要求他们全面掌握外语运用能力,而是要求他们掌握最符合需求的几种能力。

第四节　教学过程

交际语言教学法提倡以"单元-学分"的方式来组织教学,在每个单元的学习中,一般都按照以下四个步骤来实行:①讲解。教师通常以一些逼真的生活情境或语言材料来导入需要学习的语言知识,在这一过程中学生得以接触自然的对话以及多样的语言形式。②学习与操练。教师从以上材料的上下文情境中抽取一两项语法内容让学生进行重点学习,具体表现为让学生对这些语法内容的范例进行重复模仿,这种范例既可以是单句也可以是对话或语篇。通过这样的有控制的操练,学生得以熟悉相关语法内容的语言形式及使用习惯,为之后的交际应用做好准备。③有控制的语境实践。学生在老师给定的场合中对所学内容进行初步的应用实践,这一过程中学生利用的语言材料仍是人为的非真实的语言,因此还没有达到自由表达思想感情的阶段。④无控制的即席应用实践。学生通过角色扮演、采访、小组合作等相对真实有用的交际活动来进一步应用与实践所学语言知识，通过重新组织所学的语言材料来巩固学习的效果并在这一过程中训练提高自己的交际能力。

对于交际语言教学法而言，其对后世最大的贡献之一是提出了一系列以发展学生的交际能力为目标的课堂交际活动。这些活动既可以被结合在其他教学法中，也可以被用于专项的交际能力训练，对后世重视交际能力的教学法也具有较强的启发意义。这些交际活动的共同特征是强调语言教学与学习中的合作、流利度以及舒适性。交际语言教学法中较为高频出现的交际活动有角色扮演、采访、小组合作、信息差、想法分享、寻宝游戏等。这些以培养发展学生的交际能力为主要目标的活动一般都通过让学生结成对子进行讨论或活动的形式进行。以角色扮演为例，这一活动最主要的目的是在某种特定的情境中训练发展学生的交际能力。要进行角色扮演首先需要教师作为指导者设定对话发生的场景（如在咖啡厅、或在公园），其次需要教师向学生阐明对话的目标（如说话者在询问方向、说话者在点咖啡、说话者在讨论他们最近看的一部电影），最后说话者被给定一定的时间，成对地进行对话训练。角色扮演能够让学生在一个压力较小的环境中提高他们的交际技巧，因为对大部分学生而言，相比在全班面前发言他们更喜欢在成对的活动中表达自己。以下案例更清晰地展示了交际语言教学法应用于汉语第二语言课堂的过程与特点。

（教案见书后本章附录，视频课请扫描以下二维码。）

第五节　影响与评价

在交际语言教学法之前，语言学习一直被视作是一个记忆发挥作用的认知过程，但交际语言教学法使人们对语言学习本质的认识发生了改变。人们逐渐开始接受语言学习是一个"社会-认知"的过程，即语言可以在社会交往的过程中被学习。乔姆斯基所提出的关于语言学习的能力和表现的理论为交际语言教学法的诞生奠定了重要基础，而 20 世纪 70 年代韩礼德对语言功能和语法形式之间对应关系的研究则成为了交际语言教学法重要的理论基础。此后海姆斯对乔姆斯基狭义的交际能力概念的拓展则对交际语言教学法的教学理念进行了进一步的完善。交际语言教学法的在 20 世纪七八十年代的快速发展一方面得益于此前传统教学法碰到的瓶颈，另一方面也是当时外语学习需求不能得到满足的时代背景下的必然产物。

交际语言教学法的优势主要在于吸取了此前外语教学的优势并将其融入在了自己的课程设计中，如交际语言教学法提倡在情境中操练所学语言知识的理念便来自于此前的视听法。此外，交际语言教学法积极采纳社会语言学的研究成果，将语言视作是人们日常生活中进行交际的工具，因此强调在外语教学上要加强对学生听说读写交际能力的培养。这种观念符合当时的时代对交际型外语人才的需求，使得交际语言教学法迅速得到外语教学界的关注与讨论，同时也推动了专用外语教学的蓬勃发展。

尽管交际语言教学法的出现在外语教学界引起了广泛的讨论，也对此后外语教学法的发展产生了很大的影响，但其自身存在的一些问题仍然招致了外界的许多批评，如迈克尔·斯旺（Michael Swan）便曾对交际语言教学法自身的统一性提出过质疑。他认为许多语言学家对交际语言教学法背后理论基础的认识和语言教师对其的解读和理解存在很大的差异。具体表现为很多交际语言教学法的倡导者在对自己的理论和主张进行阐释时经常会使用一些令人感到困惑的词汇，这使得很多教师在安排课堂活动时常常需要结合自己的理解，因此在判断什么样的语言功能项目能够进入教学的问题上并无明确的定论。同时斯旺认为虽然交际语言教学法大谈其有效性，但实际上很少有数据能证实这一点。斯旺也指出交际语言教学法常常忽视那些学生已经掌握的母语或其他语言知识对语言学习可能产生的有利作用。另一位对交际语言教学法进行强烈批判的学者是伊莱恩·里奇（Elaine Ridge），她认为大家所默认的"交际能力"其实是不存在的，因此学生通过交际语言教学法的学习以为已经掌握了"交际能力"时，可能实际上还不能对语言进行充分的利用。此外，她还指出交际语言教学法对教师的要求是不明确的，认为交际语言教学法本身的内涵和外延也是抽象和不确定的。这一问题特别明显地集中在语法的教学上，很多指向交际语言教学法的批评认为它对语法不够重视，因为对于那些语法表达不正确但对话双方能够理解意义的情况，交际语言教学法是允许的。

而交际语言教学法对学生交际过程中对学生的语言错误采取放任自流的态度也常常被认为是非明智的。

第六节　小结

交际语言教学法产生于 20 世纪 70 年代的欧洲共同体,其主要背景是在欧洲各国之间的合作交流越来越频繁的情况下急需大量掌握外语能力以及交际能力的人才。由于一般以功能为纲编写教材,并以意念项目组织教学,交际语言教学法也常常被称为"功能法"或"功能-意念法"。交际语言教学法将社会语言学和心理语言学作为自己重要的理论基础,认为语言的社会交际功能是其最重要的功能,因此要求培养学生的"交际能力",这一概念由乔姆斯基提出,而海姆斯对其进行了进一步的阐述和丰富。交际语言教学法强调以学生为中心,配合学生外语学习的目标建立"单元-学分"的体系,要求教师在课堂上尽量使教学过程交际化并综合运用各种能够帮助学生发展交际能力的活动。交际语言教学法的缺点主要是在确定什么语言功能项目能够进入教学上没有明确且统一的标准,对语法的重视也不够。但不可忽视的是交际语言教学法对语言的本质功能进行了重新阐释,并在课程设计和教材编写的过程中综合了此前多种外语教学法的优势,对外语教学法的发展进程产生了较大的影响。而其设计并实践的一批课堂教学活动也对之后的教学法产生了积极的借鉴意义。

参考文献

1. Bachman L F. Fundamental Considerations in Language Testing [M]. Oxford University Press, 1990.
2. Brumfit C J & Johnson K. The Communicative Approach to Language Teaching [M]. THE UNIV. PR, 2000.
3. Canale M & Swain M. Theoretical Bases of Communicative Approaches to Second Language Teaching and Testing [J]. Applied Linguistics, 1980,1(1):1 - 47.
4. Chomsky N. Syntactic Structures [J]. Mouton, 1957.
5. Færch C & Kasper G. Strategies in Interlanguage Communication [M]. Longman, 1983.
6. Hymes D. On Communicative Competence [J]. Sociolinguistics, 1972:269 - 293.
7. Halliday M A K. Learning How to Mean: Explorations in the Development of Language. [J]. Foundations of Language Development 1,1975,23(3):164.
8. Johnson K. Communicative Syllabus Design and Methodology [M]. Oxford University

Press，1982.

9. Littlewood W. Communicative Language Teaching [M]. Combridge University Press，1981.

10. Piepho H E. Establishing Objectives in the Teaching of English [J]. The Communicative Teaching of English: Principles and An Exercise Typology，1981:8 - 23.

11. Savignon S J. Communicative Competence: Theory and Classroom Practice: Texts and Contexts in Second Language Learning [J]. Modern Language Journal，1997,82(4):23.

12. van Ek J A & Alexander L G. The Threshold Level for Modern Language Learning in Schools [M]. Addison-Wesley Longman Limited，1977.

13. Whong M. Language Teaching: Linguistic Theory in Practice [M]. Edinburgh University Press，2011.

14. Widdowson H G. Teaching Language as Communication [M]. Oxford University Press，1978.

15. Wilkins D A. Notional Syllabuses [M]. Oxford University Press，1976.

第九章

合作语言学习法

合作语言学习法（Cooperative Language Learning，CLL）指的是提倡在课堂上尽可能地利用结对子和小组活动的合作方式来使学习效果最大化的教学法，属于合作学习法（Collaborative Learning）中的一部分。合作教学法最早可追溯至几百年前甚至再以前便已经被提出的"相互辅导"（peer-tutoring）或"相互监督"（peer-monitoring）的概念。合作学习法适用于不同年龄的学生群体，因此也常常被应用于不同情境的学习中。特别是合作学习法在语言教学领域的应用非常广泛，不仅可以被应用在第二语言和外语课堂的教学中，也可以被应用在语言艺术课程和双语课程等多种多样的语言教学形式中。本章将主要就合作语言学习法的历史背景、理论基础、教学原则、教学过程、影响与评价等方面进行介绍。

第一节 历史背景

早在20世纪初期，美国的教育学家约翰·杜威（John Dewey）便已经提出应该在一般的课堂中建立学生之间周期性的、系统化的合作，他也因此而名声大振。但是合作语言教学法真正得到广泛的推广和发展却要等到20世纪六七十年代，这是因为美国在那个时期开始对公立学校进行一系列的整合工作，语言课堂应该采取合作模式的观念得到了进一步的优化并不断地被投入到语言教学实践中。教育学家越来越担忧此前传统的语言教学课堂过于以教师为中心，因此学生之间的相处模式也更接近于竞争，而非合作。而且此前的教学模式虽然对大部分学生来说是有利的,但对于少数跟不上进度的学生而言,很可能会远远落后于那些领悟能力强的学生且得不到必要的帮助。在这样的背景下,合作语言学习法主要试图解决以下问题:①提高所有学生的成绩与学习成就感,包括那些本身有学习天赋的学生和那些在学习上存在某种缺陷的学生;②帮助老师在学生间建立良好的关系;③给学生提供他们所需要的经历来帮助他们的社会、心理方面的认知都朝着更健康的方向发展;④将以前那种充满竞争性的班级组织形式转变为了以小组为基础的、高表现水平的组织形式(Johnson D W,Johnson R T,Holubec E J,et al. 1994)。值得注意的是,合作语言学习法得到进一步的实质性发展是到了 20 世纪七八十年代,这主要得益于当时的教育学家们积极开发出了不同的合作学习策略并尝试对其进行实验上的验证。这些合作策略中较为有名的有沙朗(Sharan)和沙卡(Shachar)提出的小组调查法(The Group Investigation Method)、约翰逊(Johnson)提出的共同学习法(Learning Together)以及阿隆森(Aaronson)提出的拼图法(Jigsaw)等,这些方法丰富了合作语言学习法教学展开的方式,也为促进学生之间的交流提供了更多的可选项。结合了这些合作策略的合作语言学习课堂往往比传统的竞争型外语教学课堂呈现出更好的效果。

第二节　理论基础

合作语言学习法强调语言和语言学习的本质是互动和合作。这种对语言本质的认识是有一个过程的,主要体现在以下几个前提:①反映在关于儿童语言的书籍《生而会说》(*Born to Talk*)的标题中。和当时许多的倡导者一样,该书的作者也认为:“所有在正常的环境中成长的正常孩子都会学着去说话,我们生来就是要说话的,我们可以将自己视作是被编程好了要去说的……交流可以被认为是语言的首要目标。”(Weeks 1979)②大多数的话语都是以对话的形式来进行组织的,“大多数人类的大部分时间都花在了组织对话上,对他们中的大部分人来说,日常对话是他们最重要也是最吸引他们的活动”(Richards & Schmidt 1983)。③对话是根据某些特定的、约定俗成的合作准则或规定来展开的(Grice 1975)。④人们通过日常的、随意的对话性互动来学习合作准则如何在母语中实现。⑤人们通过参加课堂上安排好的互动型活动来学习合作准则如何在第二语言中实现。为此,合作语言学习法强调对话的课堂中应该循序渐进地引入不同形式的合作策略并给它们安排合适的顺序。这样的观念直接打破了此前固定的教学过程与模式,允许学生自主、独立地开始互动。通过合作语言学习法的训练之后,学生得以逐步掌握功能性互动的技巧,同时他们的团队精神和对团队成员的信任感也在这一过程中逐渐被建立起来了。因此在第二语言教学领域,合作学习法(CL)也经常被视作是一种以促进课堂中的交际互动为特征的教学法,并常常被视作是合作语言教学法的延伸。同时合作学习法由于强调以学习者为中心,因此相比以前那些以教师为中心的课堂来说显得更具优势。合作语言学习法主要建立在以下理论基础之上。

一、学习理论

合作语言学习法诞生的时间段正值外语教学界中交际法逐渐兴起,研究者们对第二语言习得的关注逐渐集中,因此合作语言学习法综合了交际法的观念以及多个语言习得理论。此前交际语言教学法的代表人物之一海姆斯曾指出语言教学的根本目标是培养学生的交际能力,并提出了衡量学生是否掌握了交际能力的四个标准。其核心观点是语言学习不仅是培养学生掌握目的语的结构,更重要的是让他们学会如何在恰当的场合恰当地使用目的语。此外,合作语言教学法也积极吸收了输入和互动理论(Input and Interaction Theory)、输出理论(Output Theory)等语言习得相关理论的成果,其主要观点是学生对语言输入的理解要通过语言输出的方式实现,即交流的过程为学生提供了必要的可理解性输入,同时也能帮助学生习得目的语的语法结构及交际功能。因此合作语言教学法要求学习者必须通过小组交流完成相应任务,从而使小组成员在讨论、协商、询问的过程中增加可理解性输入并有机会参与到真正意义上的交际中。

合作语言教学法得以开展的另一个重要前提是学习者通过在真实的或由教育引发出的社交场景中交谈来发展社交能力。由此,合作语言教学法提出了一些特定的互动模式,当学生用一种新的语言进行交流并学习该语言的规则时,这些模式往往被认为是最有效的。同时合作语言学习法也强调培养学生的批判性思考能力,有的学者甚至认为在语言学习的过程中培养学生的批判性思考能力甚至和提高他们基本的语言听说读写的能力一样重要。而事实上批判性能力不管是在语言学习中还是在其他类型的学习中都被认为是一种关键的能力。合作语言学习法中试图结合批判性思维教学的是一种叫"问题矩阵"（Question Matrix)的方法，这种方法由查克·韦德霍尔德（Chuck Wiederhold)创立，他希望能开发出一系列可以组成矩阵的合作性的活动并鼓励学生通过这样的训练能够提出或回答一组或几组更有深度的可替换性的问题类型。这种类型的活动被认为能够逐渐培养起学生的批判性思维能力。这一矩阵开发的基础是本杰明·布鲁姆（Benjamin Bloom)在 1956 年设计的学习项目分类系统，这一系统指出学习项目之间存在等级差异，如简单的信息回忆和形成概念性的判断便属于不同等级的学习项目。这种理念常常被视作合作学习法深层次的学习理论基础。

二、心理学理论

合作语言学习法在很大程度上借鉴了瑞士儿童心理学家、发展心理学家让·皮亚杰（Jean Piaget)以及苏联发展心理学家利维·维果斯基（Lev Vygotsky)关于儿童发展和语言发展的理论成果。其中皮亚杰最著名的发现是"发生认知论"，主要探讨了关于人类知识的问题并着重于探讨人的知识是如何形成的以及人类的知识是如何增长的。"发生知识论"的特点便是从各种知识的最基本形式开始去发觉它们的根源，并追溯它们从最初水平直到科学思想的发展过程。除此之外，皮亚杰主要的发现还包括同化、适应、平衡、图式、结构的机制。他将儿童发展阶段分为四个阶段或时期：①感知运动期（Sensorimotor Stage，从出生到两岁左右)。小孩通过移动和感觉来了解事物。② 前运算期（Preoperational Stage，两岁左右到六七岁左右)。这一阶段又称前逻辑阶段，这时儿童开始以符号作为中介来描述外部世界，表现在儿童的延缓模仿、想象或游戏之中。③ 具体运算期（Concrete Operational Stage，从六七岁左右到十一二岁左右)。在这个阶段，儿童已有了一般的逻辑结构。④ 形式运算期（Formal Operational Stage，十一二岁左右到十四五岁左右)。这一阶段儿童的智力发展趋于成熟，思维能力已超出事物的具体内容或感知的事物，思维具有更大灵活性。维果斯基受到皮亚杰的启发，并从皮亚杰的理论中发展出了一套更完善的儿童发展理论体系。维果斯基认为真正的教育不是关于知识和技能的专门学习，而是对儿童学习能力的发展。所谓能力就是指他们的思维清晰和创造性的能力、计划和执行计划的能力、用不同的方式表达他们的理解的能力等。维果斯基认为这些能力可以通过为他们提供一套用于思考和创造的文化工具而实现。

归根结底来说人的智力的关键——也就是使人区别于其他动物的特征是使用各种工具的能力。这些工具是指那些用于现实沟通以及分析现实的符号系统,如记号、地图、数字、图表、模型、图片以及最重要的语言等。此外,维果斯基最著名的就是对思维和语言的相互关系的阐释,他指出儿童从外部不断接受到信息并进行评论的过程中,主观的语言逐渐内化为了他们的思维。因此可以说儿童所掌握的语言结构逐渐成为了他们的思维的基本结构。在对儿童语言和思维发展进行研究的基础上,维果斯基也逐渐将研究成果应用到了教育以及更为具体的语言教学上。他认为教育的一个很重要的功能就是推动丰富而有效的口语发展。而在发展儿童的智力方面,最重要的因素便是老师是否能够引导儿童朝着超过他们自身能力的任务方向去走。在这一过程中,老师所起到的作用是非常关键的。同时,维果斯基也非常强调儿童发展过程中早期的游戏所发挥的作用。他认为儿童需要根据游戏的角色来决定自己的行为,在游戏过程中儿童更关注任务的过程而非结果。虽然两人研究的切入点都是儿童的发展,而要研究儿童的发展学习无疑是一个最重要的窗口。观察两人的研究可以发现他们都非常强调学习过程中社会互动所发挥的核心作用,并在这一过程中开始关注教师角色的转变以及游戏在其中发挥的作用。后来这些观念也逐渐从儿童发展的领域被迁移到成人教育,特别是语言教学中。因此合作语言教学法在心理学基础上一方面受到当时占据主流的人本主义心理学的影响,提倡创造良好的学习氛围和减轻学生的压力,另一方面也受到发展心理学的影响,开始关注深层次的学生如何在社会交流中实现发展的问题。

第三节　教学原则

合作语言学习法的基本目标是通过有组织的课堂交流活动促进学生间的合作、帮助他们养成有效的学习交流策略,从而培养学生的交际能力以及批判性思维的能力。在第二语言/外语学习的课堂上,由于班级由来自不同国家的、使用不同语言的学生组成,因此当他们被要求结对子或以小组形式完成某一调查或任务时,他们不得不积极地使用目的语中的各种语言技巧与其他的组员沟通与协商,这一过程中学生更容易将内容意义和语言形式对应起来而较少需要教师的帮助。通过课堂上多种多样的交流活动,学生们不仅能够学习到特定的词汇、语法结构及其交际功能，而且其交际能力和技巧也会在这种小组活动的过程中得到快速的发展。此外，由于合作语言学习法没有固定的教学方式，学生更容易形成有自己风格的、有效的学习交流策略，从而进一步加强他们的学习动机以及营造更积极的学习氛围。在开展合作语言教学法的过程中，教学材料起着重要的作用。是否能够合理地设计和分配教学材料往往会影响到课堂学习的氛围和最终的效果。教学材料的来源和形式的丰富多样，既可以是改编自其他教学法或者其他学科的材料，也可以是专门为合作语言学习法设计的材料。不同于传统教学法中每个学生都有一份统一的、完整的教学材料，合作语言学习法一般根据特定的课程目标机动地安排不同的教学材料，并且常常按照分组来分发教学材料。一般一个小组共享一整套教学材料，而小组中的每个成员可能被分发到其中的一部分材料。

在师生关系上，传统的语言教学法强调师生之间是上下位的关系，受到人本主义心理学影响的教学法则强调师生之间拥有平等的关系。合作语言教学法认为师生之间的关系不仅是平等的，而且是合作的。在合作语言学习的课堂上，教师不再是作为课堂的中心或学生语言表达对错的评判者，而是课堂小组活动的设计者、组织者以及实施过程中的顾问。他们的主要任务是主持交流活动并向学生教授必要的合作技巧。在传统的外语学习课堂上，学生是被动的聆听者、接受者或是表演者，而在合作语言学习法的课堂上，学生需要成为自主学习者及课堂活动的积极参加者。课堂师生关系的变化也带来了学生之间关系的变化、课堂活动形式的变化、对学生评价机制的变化、课堂安排布置的变化等。如在传统语言学习课堂上，学生之间是相互独立的，他们一般有自己独立的桌椅或是两人并排而坐，但是学生之间的交流和对话非常有限。虽然有的教学法也提倡课堂活动，但也仅限于翻译练习、听力练习、句型替换、角色扮演等以训练语言技能为主要目标的活动，而很少能对学生的交际能力起到提高的作用。因此教师对学生语言水平的评价和考察也只能局限于他们自身的努力以及在语言测试中的成绩。合作语言教学法打破了原先学生之间相互独立、各自为营的学习模式。从座位安排来看，一般学生按照课堂活动和任务的需求分组而坐，从而大量增加了学生之间的互动时间。课堂活动不限类型，但以促进学生之间的信息分享、意义协商、交流互动为主要原则。因此对学生的考察也不再仅仅是单一的成绩或努力程度，而是其对课堂活动的贡献。这样的模式不仅有利于学生在活动过程中训练自己语言表达以及对外交际的能力,也有利于活跃课堂氛围,增进学生使用语言的成就感。从师生关系的呈现上来看,可以发现合作语言学习法和此前的交际语言教学法之间有许多相通之处,具体表现为都以学生作为课堂的中心,强调学生的自主学习和合作意识,将教师看作是课堂活动的组织者、课堂学习的引导者和辅助者。这主要是因为合作语言学习法和此前的交际语言教学法都受到人本主义心理学的深刻影响,所以在教学原则的确立和教学过程的设计上都强调将学生作为独立的个体,并尊重其在学习过程中体会到的情感和态度变化。

对合作语言学习法的成功实践而言小组活动是一个关键的要素。小组活动本身的特性以及教师对小组活动的组织都影响着语言学习的效果。如果教师能够对各种小组活动进行系统性的、结构导向的安排,其结果能更好地增进小组成员之间的互动并形成更好的彼此激励的作用。

约翰逊(Johnson)等人描述了三种合作语言学的小组类型:①正式的合作学习小组。这种小组可能在一节课中出现,也可能持续几个星期。这种小组通常是围绕某一特定的任务而组织的,具体表现为学生们一起努力来完成一个共同的学习目标。②非正式的合作学习小组。这些小组通常表现为点对点的小组,可以持续几分钟或一节课的时间,这种活动的作用一般是聚焦学生的注意力或促进学生对教学内容的吸收。③以合作为基础的集合体。这些集合体通常由成员固定的、种类多样的学习小组组成。这种集合体一般是长期的(如至少持续一年时间的),而且这些集合体一般都有固定的成员。设立这些集合体的目的是为了给成员们互相支持、帮助、鼓励的机会并获取学术上的成功(Johnson *et al.* 1994)。

奥尔森(Olsen)和卡根(Kagan)主要阐述了保证以小组为基础的学习获得成功的关键要素:

第一,积极的相互依存关系。这种自主性具体表现为小组成员觉得帮助小组中一个成员的东西也能帮助其他所有的组员,而相反如果对小组中的一个成员不利的东西对其他的组员也会不利。这种小组内的相互依存产生的背景是合作语言学习法中存在多样的、结构化的合作学习任务,比如小组要共同完成一个作品而一个小组内成员根据作品完成的情况获得相同的分数。在完成任务的过程中需要建立小组成员相互支持的精神。

第二,小组组成形式。小组组成形式对于建立积极的相互依存关系有重要的影响作用。而影响小组最后呈现形式的因素又主要包括:①决定小组的规模,这主要取决于小组需要完成什么样的任务,学生的年龄以及课堂给出的任务完成期限。一般来说小组的规模从二人到四人不等。②分配不同的学生到不同的小组,小组可以是由老师选定的、随机的,或是由学生选定的。虽然一般来说合作语言学习法更推荐由老师来决定小组分配,但考虑到小组的多样性也不排除根据学生的过往表现、种族和性别来进行人员分配。③学生在小组中的角色。每个小组在成员中都承担着一个特定的角色,如记录者、噪声监控者、总结者等。

第三,个人职责。个人职责既包括小组的表现,也包括个人的表现。比如根据一个学生在小组任务中他所负责部分的表现来给他/她打分,或是随机叫一个学生在班级范围内进行分享,或者也可以让他在小组范围内或是在其他小组中进行分享。

第四,社交技巧。社交技巧决定了学生们和其他组内成员的互动方式。通常在使用合作语言学习法进行教学的过程中,需要给予他们一些具体的社交技巧方面的指导来保证他们能够实现成功的互动。

第五,系统安排与结构。系统安排与结构指的是组织学生进行互动的方式及学生之间实现互动的主要方式。其中较为典型的是"三步采访(Three-Step Interview)""分享思考(Think-Pair-Share,TPS)""分享解决方案(Solve-Pair-Share,SPS)""圆桌会议(Roundtable)""故事接龙(Round Robin Story)""数人头(Numbered Heads)"等。"三步采访"活动展开时学生们首先结成对子进行采访活动,其中一人是采访者,另一人是被采访者。然后学生交换角色,最后学生和他们的伙伴分享他们从两次采访过程中所学习到的内容。"TPS"活动展开时老师首先抛出一个问题,这个问题通常是低共识性的。学生们对此分别思考出答案,然后学生和他们的搭档讨论他们的答案,最后学生们向全班分享他们搭档的答案。"SPS"活动展开时老师首先抛出一个问题,这个问题可以是低共识性的,如果该问题是高共识性的则可以让学生通过不同的策略来解决这个问题,然后学生们独立地解决问题。最后学生们在采访活动或故事接龙活动的阶段来阐释他们是如何解决以上问题的。"圆桌会议"活动展开时首先将每4名学生分为一组,每组都会被分到一张纸和一支笔,老师先给出故事的开头,然后让小组里的每位学生轮番在一张纸上续写故事,每位学生至少写完2~3句话后将纸传给右手边的组员,该组员必须顺着上一位同学编写的故事内容续写下去,最后,4位组员轮流朗读编写完成的故事。老师可以选几组学生在全班朗读自己的作品,然后挑选出最有趣的故事。当这一过程通过口头形式完成时,便被称为"故事接龙"。"数人头"活动展开时学生们在各自的小组中分别进行编号,老师抛出一个问题(通常是高共识性的),学生们把头凑在一起进行讨论并保证每个人都知道答案且知道如何进行解释。最后老师喊一个数字,对应这个数字的学生举手并回答问题(Olsen and Kagan 1992)。

　　合作语言学习法中的"合作"一词也提示了该教学法中最为核心的一个原则,即希望在课堂上形成合作型的学习,而非竞争型的学习。合作语言学习法的倡导者经常会强调合作对学习的促进作用:所谓合作便是一同努力完成共同的目标。在合作的情境中,学习者作为个体通常会寻求对他们自己以及所有其他成员都有益的结果。合作性学习就是有目的性地运用小型组合,通过这些组合学习者们一同努力来使自己和搭档的学习成效最大化。这与那些传统的竞争性学习形成了鲜明的对比,在传统课堂学习中学生们通常需要相互竞争来达成学业上的成就,如只有在考试中比其他学生考得好才能获得"A"的等级。在具体的学习原则上,戴维森(Davidson)和沃莎姆(Worsham)提出了合作语言学习法实行过程中应该遵循的九个基本原则:①在合作活动的过程中需要变换分组方式,可以是异类分组或者任意的分组;②教学过程中教师应该明确地教授社交技巧;③鼓励团队内进行建设活动来增进团队凝聚力;④教师为构建团队内的和谐合作关系而提供指导或途径;⑤学生通过反思来学习并提高自己的社交技巧;⑥小组内的各成员共享或者说共同分担领导者的角色和责任;⑦组内成员要尽可能地尝试去理解其他成员的想法和观点;⑧尊重那些水平相对较低的学生并尝试帮他们找到合适的角色,提高他们的地位;⑨通过拼图、采访、讲故事接龙、分享等活动来促进学生之间的合作与互动。这些原则强调的是在相互合作进行语言学习的过程中,参与者不仅需要不断提高自己的交际能力,有效地完成与他人的合作,同时也需要不断提高自己独立学习与思考反思的能力,从而不管被分在什么样的组,或被分配什么样的任务,都能积极发挥自身潜能以及有效地帮助他人取得进步。

第四节　教学过程

　　具体落实到教学步骤时合作语言学习法强调学生们通过合作结对子的方式

来进行写作和编辑等活动,约翰逊(Johnson)给出的具体例子是老师要求学生们写一篇论文、报告、诗篇、故事或是就他们阅读的内容进行评论等。小组需要确认组内成员的构成和他们各自分担的任务符合老师设定的标准,然后根据各个成员在自己负责的部分中的表现分别获得打分。或者他们也可能会根据执行小组任务的过程中所犯的错误总数而获得一个属于小组的共同的分数。教学展开的方式主要如下:①老师将学生们两两分为一组,至少保证每个小组中有一人的阅读水平是较高的;②学生 A 向学生 B 描述他计划写的内容,学生 B 需要认真倾听并进行一系列的提问,然后以文字大纲的形式列出学生 A 的想法,最后将写好的大纲展示给学生 A 看以确认自己正确理解了学生 A 的意思;③重复上一个步骤,但是学生 A 和学生 B 的角色进行互换;④两个学生分别为自己打算撰写的内容收集资料,并同时留心对他们的搭档可能有用的材料;⑤两个学生共同合作撰写两篇文章的第一段,以保证两篇文章都有一个清晰明了的开头;⑥两个学生分别撰写自己的文章;⑦当两人完成了自己的文章后,他们先让对方校对自己的文章,重点检查拼写、发音、首字母、语法使用以及老师所强调的其他方面是否存在错误,同时学生也会就如何修改给对方以建议;⑧学生修改他们的文章;⑨学生们重新阅读对方的文章并签上自己的名字以表示自己认为两篇文章已经没有可修改的地方了。在整个过程中,老师都会监督各个小组,在合适的时候介入来帮助学生掌握必要的写作和合作交流的技巧。以下案例更清晰地展示了合作语言学习法应用于汉语第二语言课堂的过程和特点。

(教案见书后本章附录,视频课请扫描以下二维码。)

第五节　影响与评价

合作语言学习法和其他教学法不同的是它从诞生开始就经历了大范围的调查和评估,而且这些调查和评估的结果大部分都显示为正面的肯定,足见其对外语教学的价值性。其倡导者强调了它对学生的语言学习和交流技巧的进步所起到的重要作用。特别是合作语言学习法强调小组讨论、小组合作以及两人结对子完成任务的设想和模式不仅在语言学习中非常受欢迎,而且在其他学科的教学和学习中也越来越受到重视。同时合作语言学习法的设想也可以与其他教学法一同使用。合作语言学习法对课堂集体活动的设想不仅可以为原先的课堂提供新的活力,也能够增强学生的课堂参与度。当然,这些活动不一定都是合作性质的。因此所谓合作语言学习法的核心特征并非包括某些集体活动,而是将这种合作性的集体活动作为学习的主要方式,并最终引发学生对语言的理解和习得。因此在合作语言学习法中,集体活动并不是随意设计的,而是为了将学生之间的互动最大化以及让学生们能够更好地促进彼此的学习而精心设计的。但是同时也不乏对合作语言学习法的批评声音,如有的学者便指出它强调适用于不同水平学习者的观点是尚待商榷的,因为一般认为中级和高级的学生群体更容易从合作语言学习法中有所收获。同时这一教学法对教师提出了较高的要求,要让教师从原先课堂中心者、授课者的角色一下子转换为指导者、辅助者的角色也并非易事。

　　总体来说,合作语言学习法的主要优势在于帮助学生提高语言技能的同时,也为其创造了参与不同类型交流活动的机会,并在这一过程中强调学生交际能力、自主学习能力、认知能力以及批判性思维能力的发展,语言学习的内涵和对个体自身发展的推动作用被扩大了。学生之间的关系不再只是竞争者,而是相互合作、互相推动的合作者。不管是本来就优秀的学生还是水平相对落后的学生,都能成为重要的学习资源并发挥关键作用,学生担任更重要角色的同时学习的成就感被大大提高了。而合作语言学习法本身也存在一些局限性或是人们对其的误解阻碍了其被更广泛地接受。其局限性主要在于在一些大班教学的场合中,如果学生没有很好的自控能力,容易造成课堂无序、教学效果不佳的情况。而且合作语言学习法要求教师在课堂上发挥主持和辅导的关键作用,如果班级人数过多或者学生难以很快进入自己的角色,则会使得课堂进程变缓而无法完成既定的教学目标。

第六节　小结

　　合作语言学习法是合作学习法的一部分,其特征是在课堂上最大化地利用小组活动或结对子的方式进行语言学习。合作学习的理念最早在 20 世纪 20 年代由美国教育家杜威提出并于六七十年代得到了实质性的发展和推广。合作语言学习法的理论基础是当时盛行的第二语言习得理论以及强调批判性思维的相关学习理论,此外还受到发展心理学以及人本主义心理学的深刻影响。合作语言学习法最为核心的原则是强调学习者间的合作而非竞争关系,在课堂上通过有组织的、不同类型的交流活动来培养学生的交际能力以及批判性思维的能力。在合作语言教学法的设计中,教师和学生的角色都发生了很大的变化。教师不再是课堂的中心而变成了课堂活动的组织者以及辅导者,学生既是课堂的中心也是他人学习的重要资源,需要在课堂中担任更为自主独立的角色。因此合作语言学习法在提高学生语言技巧的同时,也对他们的批判性思维、认知能力和自主学习能力提出了更高的要求。

参考文献

1. Bloom B S. Taxonomy of Educational Objectives [M]. DAVID MCKAY, 1956.
2. Davidson N & Worsham T. Enhancing Thinking through Cooperative Learning [M]. Teachers College Press, 1992.
3. Johnson D W, Johnson R T, Holubec E J, et al. The New Circles of Learning: Cooperation in the Classroom and School [M]. ASCD, 1994.
4. Krashen S. Principles and Practices in Second Language Acquisition [M]. Oxford: Pergamon, 1982.
5. Olsen J E W B. Communication-starters and Other Activities for the ESL Classroom [M]. Prentice Hall, 1977.
6. Olsen R & Kagan S. About Cooperative Learning [J]. Cooperative Language Learning: A teacher's Resource Book, 1992:1-30.
7. Palmer A & Rodgers T. Back and Forth: Pair Activities for Language Development [M]. San Fransisco: Alemany Press, 1986.
8. Piaget J. The Language and Thought of the Child [M]. Psychology Press, 2002.
9. Richards J C & Schmidt R W. Language and Communication [M]. London: Longman, 1983.
10. Vygotsky L S. Thought and Language [J]. Bulletin of the Orton Society, 1964,14(1): 97-98.
11. Weeks T. Born to Talk [M]. Rowley, Mass: Newbury House, 1979.

第十章

内容导向教学法

　　内容导向教学法（Content-Based Instruction，CBI）是语言教学中的一个重要方法流派，同时也是外语教学法在不断更新迭代的过程中逐渐变得更为复杂和多元后的产物。由于内容导向教学法设计的主要原则是为第二语言学习者提供内容和语言方面的指导，所以也被称为"内容导向语言教学"（Content-Based Language Teaching）。内容导向教学法最早是在 20 世纪 80 年代由 B. 默汉（B. Mohan）在他的专著《语言和内容》一书中首次被提出，现今已经成为在欧洲地区最广受欢迎的外语教学法体系之一。值得注意的是内容导向教学法中的"内容"一词的含义也经历了变化的过程。最初的"内容"指语法翻译法、听说教学法以及以对话形式呈现出的词汇或发音模式等，但后来"内容"越来越倾向指那些可以作为第二语言/外语的教学/学习工具的学科内容。作为一种区别于此前教学法的新教学模式，内容导向教学法提倡对语言内容和信息进行教学，反对脱离语言内容和语言本身的教学。又因为其提倡将语言教学与学科教学相结合进行教学，所以也被称为"以学科内容为依托的语言教学法""依托式教学法"或"基于内容的教学法"。

　　内容导向教学法的提出主要基于以下前提原则：一是当人们将语言作为一种获得信息的途径时，他们在学习一门第二语言的时候更有可能获得成功，这一原则也反映了人们使用内容导向教学法背后的一种内在动机，即希望这一教学法的使用能够提升语言学习的效率；二是内容导向的指导原则更好地反映了学习者学习第二语言的真正需求，即许多以内容为主导的学习项目都希望帮助学习者为学术学习和主流学习做好准备。因此,让学习者接触学术教学相关的内容以及教学实现的途径显得非常有必要。内容导向教学法不仅在欧洲受到大力推广而被引入双语教学及其他涉及特殊用途的语言教学中,而且在美国、加拿大等国家内容导向的教学模式也越来越受到推崇和积极的尝试。以内容导向教学法的实践为研究基础,一系列相关的研究成果对其合理性进行验证并不断加深其背后的理论深度。本章将就内容导向教学法的历史背景、理论基础、教学原则、教学过程以及影响与评价进行介绍。

第一节　历史背景

在人们不断寻求更理想的外语教学法的过程中涌现出了各种不同的教学法体系,教育家越来越意识到为了成功地实现一个学术上的任务,第二语言学习者不仅需要掌握某一语言的形式(语法、词汇等),也需要知道课堂试图传达和教授的核心意义与内容是如何通过该语言表达出来的。而此前的教学法,如语法翻译法、听说法、全身反应法等,虽然形式表现不一,但其共同特征是都将语言学习独立于学科知识学习领域之外。从 20 世纪 60 年代开始,外语教学研究从原先关注语法越来越转向了关注语义,具体表现为内容导向教学法的崛起。该教学法主要解决的问题是从"怎么教"变成了"教什么",为外语教学提出了一条新路径。当然在内容导向教学法之前,已经有不少教学法从强调教学内容的意义出发进行过探索。这些教学法或提倡展示、模仿、表演哑剧,或推荐在教学过程中使用实物、图片或结合视听的方式,或提议使用翻译、解释和定义以使学习者更好地理解意义。这些建议和想法出现在外语教学法发展的不同阶段。而内容导向教学法的不同之处在于其在很大程度上受到了来自 20 世纪 80 年代交际语言教学法的影响,因此它强调课堂应该致力于引发具有真实意义的交际活动及信息交换。理想的语言教学环境是课堂中主要的教学内容不是语法、功能或其他一些以语言为基础单位的组织,而是脱离语言范畴之外的内容。因此,语言不过是教师为了传达和展示主要教学内容的工具或者说副产品,而学习者真正学习到的是和真实世界相关的内容。

在课程具体如何展开的问题上,内容导向教学法采取交互式的语言观,希望重点解决语言形式和语言内容彼此分裂的问题。其核心主张是将本来单一的语言教学转化为一种同时结合学科知识学习和语言能力发展的新模式。内容导向教学法的实践最早始于 20 世纪 60 年代,加拿大首先在语言教学中开始了浸入式语言教学(Immersion Education)的实践,而该种教学模式在加拿大的成功也使美国、苏联、日本等国纷纷开始效仿并相继开始实践。浸入式语言教学的成功使得内容导向的教学理念得到了越来越多人的关注。教师们开始在 CBI 的课堂上尝试使用不同的教学法如"掩蔽式教学"(Sheltered Instruction)、"学会如何学习"(Learning to Learn)等等。"掩蔽式教学"更接近于由教师主导的一种教学方法,并将所有的教学责任都放在教师的身上。这种教学法强调为了达成学习者的学习目标需要满足一系列教育手段上的要求,如教师需要具备相关学科的知识以及与二语学习过程相关的知识,而同时教师也需要知道如何帮助学习者更好地接收和理解目标内容的指导技巧以及知道如何评估学习者所使用的认知、语言和社交技巧是否能够确保其理解相关内容并促进其在英语上的进步。"学会如何学习"更接近于一种以学习者为中心的教学法,它提倡学习者需要和他们的教师一起分担责任,且特别强调学习策略在学习过程中发挥的重要作用。在这样的背景下,内容导向教学法被提出了。K. 克拉恩克(K. Krahnke)认为作为一种语言教学模式,内容导向教学法强调语言内容和信息的教学,而非脱离内容对语言本身进行教学。其最重要的特点是认为当基于某个学科或某个主题来进行语言教学时一般能取得最好的效果,因此课堂上教师一般会努力将学习者的注意力集中在某种知识结构的讨论和学习中。这种知识结构可以是专业严谨的学科知识,也可以是学习者感兴趣的任何东西,如他们喜欢的电影或歌手等。S. B. 史赛克(S. B. Stryker)和 B. L. 里福(B. L. Leaver)指出,内容导向教学法可以体现为一种教学上的哲学理念、一种教学法体系或是某一门课程的大纲设计,但不管体现为哪一种形式,它所代表的是一种真正意义的、全面的外语教育观念。自然法的倡导者 S. D. 克拉申(S. D. Krashen)和 T. D. 泰雷尔(T. D. Terrell)也是通过学科来进行第二语言和外语学习的代表人物。他们在看到加拿大的浸入式教学法获得成功之后便开始积极推荐在语言课堂教学中结合学科教学活动。而他们认同浸入式教学法的根本原因还是认为通过目的语来学习数学、自然科学、历史等学科能够较好地向学习者形成目的语的可理解性输入。

到了 20 世纪 80 年代,内容导向的理念更多地被运用到外语教学/第二语言教学中,特别是其在加拿大的成功实践经验获得了多国的关注而得到了进一步的推广,并最终呈现为了内容导向教学法。这种实践上的成功也带动了相关的理论研究,研究者认为内容导向教学法的成功主要是由于其非常符合学习者语言习得的规律,而有的学者提出的激活图式和各种教学模式也试图帮助学习者更好地理解和分析专业教学材料。而实践证明,学习者确实也非常喜欢内容导向教学法。这主要是因为在课堂上一般采取基于主题的教学方法,而这就要求教师去选取那些学习者感兴趣的教学材料来开展教学。还可能是因为当学习者不仅是学习语言本身,而且是通过语言去学习他们感兴趣的内容时,学习动机的产生和维持会显得相对更容易。除了内容导向教学法之外,强调通过语言掌握内容意义的还可能包括跨课程语言、沉浸式教学、移民项目、英语流利度非常低的学习者或针对特殊目的的语言教学等课程教学项目。内容导向教学法的最终确立也从这些课程的设计模型中吸取了理论和实践上的经验。

第二节　理论基础

相比此前的教学法,内容导向教学法的理论基础更为坚实而丰富。这主要是因为内容导向教学法经历了从 20 世纪 60 年代到 80 年代反复的实践,而伴随着实践的展开针对内容导向教学法的理论研究也处在不断深化的过程中。总体来说,其理论基础主要包括认知学习理论、交互学习理论等。

一、认知学习理论

认知学习理论主要研究学习者如何在学习过程中更好地加工和记忆所接触的知识和信息。有关语篇理解和信息加工过程的研究表明,当语篇的意义越连贯的时候其内容越容易被记住,因此如果某一知识能够在一个具体的上下文语境中被教授给学习者则一般能取得更好的学习效果。同时如果语篇中的信息能够与其他的信息取得联系的话,其被记住的概率会大大增加。这主要是因为连贯而有意义的信息容易在人脑中产生信息的深入加工。类似的研究成果为内容导向教学法的展开提供了更多的理论支持,因为内容导向教学法正是强调将语言学习放在学科知识的学习中,而学科知识一般都是具有强连贯性的互相关联的内容。且在学习新的学科知识的情况下,学习者常常需要联系旧知识以及其他相关的信息且可能被教师要求针对一个语言知识点进行详述。通过处理关联信息能够达到巩固相关知识和语言技巧的效果。除此之外,皮亚杰对认知发展过程中新旧知识如何相互发挥作用的发现也为内容导向教学法提供了理论上的支持。皮亚杰认为个体在不断接收新信息的过程中会不断积累知识并在原有知识点的基础上发展出新的知识点,这个知识积累的过程被他称为"同化"。而当知识的积累达到一定程度的时候,学习者便能够自行对所学知识中的规律和结构进行归纳总结,皮亚杰将这一过程称为"顺化"。而"同化"和"顺化"在学习者学习的过程中不断循环发生,即学习者不断在新旧知识之间寻找联系并构建出一个知识的系统。而这种理论体现在内容导向教学中便是学习者们不断联系原有的知识并在一门学科知识的学习过程中逐渐构建与发展自己的外语/第二语言知识体系。

二、交互学习理论

如果说认知主义心理学和行为主义心理学都主要以人的心理作为探究的中心,探讨人脑如何对语言进行加工的过程,那么维果斯基的交互学习理论则是以语言在社会中发挥的作用为中心,主要探讨个人如何通过语言参与社会活动并在这一过程中发展自己的思维并确定与社会的关系,即个体的语言发展和思维发展都是在社会情境中获得的。虽然学者在对语言学习机制进行探讨的过程中切入的角度不同,但共同点是都非常关注所学对象的内容和意义在学习中发挥的作用。

三、对语言本质的一系列假设

内容导向法能够被推广、被接收也得益于其对语言本质的重新定义和假设。这主要表现为以下三点:①语言是基于文本和对话的。CBI 将语言视为学习内容的工具,这就决定了在教学过程中处于中心位置的语言实体要比单个的句子更长,因为教学的中心是告诉学习者如何通过文本和对话来构建和传递意义和信息。因此,在课堂上教师应该创建一些情境来训练学习者在特定的文本上下文或活动中进行书面或口语的表达,如可以让学习者写信、报告、论文、描写书的章节或进行一些口语的活动如开会、举办讲座或进行讨论等。②CBI 认为语言使用的过程会同时涉及几种语言技能,这些技能往往在某一活动中以某些方式被连接起来。如在课堂上教师一般会要求学习者记笔记、听课、写总结或针对他们已经阅读或写出的东西再进行口头表述。通过这些方式 CBI 希望将不同的语言技能融合在一起，从而达到同时提升学习者的知识基础、语言水平和思维技巧的目的。这样的要求也决定了以话题或主题为中心展开的课程是较为合适的组织形式。此外，虽然一般的教学法将语法视作是一个单独的维度，但是 CBI 将语法视作是语言技巧中的一种。③语言是有目的性的，即语言的使用往往源于不同的目的，这种目的可能是针对学术的、职业发展的、社交的或娱乐的，但是这些目的往往赋予了对话或文本以方向、形态和最终的意义。当学习者对语言使用的目的有较为清晰的认识，他们在面对一些例句时便会将注意力集中在观察说话者的目的是否达成，以及他们自己未来的使用场景。所以如果学习者希望从 CBI 中获得最佳的学习效果，他们需要始终关注语言使用的目的以及这种目的通过什么样的形式和信号表现出来。

第三节　教学原则

对于内容导向教学法而言，为其提供了合理性的一条最为核心的原则是当人们把语言当作是获得信息的一种方式，而不是仅仅把它当作语言学习时，他们更容易在第二语言的学习过程中获得成功。不管内容导向教学法最后在课堂上呈现为什么样的形式，其共同特点是"内容是课程设置的出发点或组织原则"。这种认识建立在这样的假设前提之下：当目标语言材料被置于一种有意义的前后文语境中传递给学习者且主要目的是让学习者获得信息时更容易出现成功的语言学习（Brinton *et al*. 1989）。S. B. 史赛克和 B. L. 里福认为内容导向教学法的一个核心特征是将语言教学目标和学科知识的学习结合起来，在这样的理念下学习者学习的重点变成了凭借或通过所学的目的语来获得相应的知识或信息，而同时其学术性语言能力也会在这一过程中获得相应的提高。在这样的模式中，语言学习的目标和途径都发生了彻底的颠覆。这也是 S. B. 史赛克和 B. L. 里福认为内容导向教学法是对传统语言教学法的一个重大变革的原因。从更高的维度上来说，内容导向教学法属于交际语言教学法的一种。因此，它的课堂更接近于一种以学习者为中心的模式。在这样的课堂中，学习者通过实践活动积极地参与到学习的过程中。他们并不依赖教师来指挥所有的学习过程或成为他们信息的来源。在内容导向教学法的课堂上，学习者往往直接暴露在语言环境中并需要接触大量具有刺激性的内容,因为内容导向教学法的倡导者认为只有当学习者被暴露在来自教师与同伴的可理解性输入中,并积极与同伴进行互动的情况下,学习才会发生。因此,学习者需要在课堂上承担更积极、社交性的角色,并参与到一系列使用目的语的互动活动中如互动学习、协商谈判、信息获取和共同的意义建设(Lee *et al*. 1995)。

威廉·葛拉瑟(William Glasser)在他的"控制理论(Control Theory)"中给出了更多详细的例子来阐述如何能在课堂上赋予学习者更大的权利,并将重心放在学习者基本的、人性化的需求上。他认为除非给予学习者更多的权利,不然的话他们会将自己仅有的权利用在不合适的行为或懒惰上并因此对学习效果产生不良的影响。因此,他提出在现在的这种强调标准化和测试的学习环境中,应该给予学习者更多的发言权(Simmons *et al*. 2010)。同时内容导向教学法也非常强调在学习的过程中激发并保持学习者的动机和兴趣。这是因为内容导向教学法的倡导者认为动机和兴趣是当学习者面临挑战和过多信息时帮助学习者学习复杂技巧并获得成功的关键要素(Grabe *et al*.,1997)。当学习者对他们正在学习的内容保持很高的动机和兴趣,则能够在不同的话题之间更好地建立联系,对学习材料进行更好的阐释,并能够更好地回忆信息。具体来说,学习者可能由环境因素而对某些场景产生兴趣,而这也会引起并帮助发展个人对某些内容的长期兴趣(Alexander *et al*. 1994;Krapp *et al*. 1992)。简单来说,当一个学习者被激发起了内在的学习动机之后,他更有可能在学习中收获更多。由于内容导向教学法的一个重要目标是把学习者的兴趣和动机保持在一个较高的水平,所以需要利用那些以内容为核心的材料来对学习者形成持续的刺激作用。内容导向教学法在某些程度上和针对特殊目的的英语教学(English for Specific Purposes,ESP)以及针对学术目的的英语教学(English for Academic Purposes,EAP)有很多相似之处,其中针对特殊目的的英语教学通常是出于专业或职业的要求而进行的英语教学。内容导向教学法的目的是在特定的学科语境中获得语言能力,这样学习者就能通过在特定的上下文语境中使用目的语而实现对目的语的学习。因此,内容导向教学法并非是脱离语境的语言学习,而是在特定学术学科语境中的语言学习。

除了强调以学习者为课堂中心并需要重点保持学习者的学习兴趣和动机之外,内容导向教学法也强调语言并不是通过教师直接的指令来学习的,而是应该让学习者能够"自然地""自动地"获得相应的语言知识。为了达到这一目的,内容导向教学法提出语言的学习应该发生在情境中,即学习者们学习的应该是有用的内容,这些内容一般出现在相关的对话语境中,而不是孤立的语言碎片当中。因此,学习者能够更好地将所学内容和他们已经知道的东西连接起来。复杂的信息通常在生活化的情境中被教授给学习者,因为他们能够迅速地掌握并产生内在化的动机。同时信息通常会以策略化的形式在合适的事件缓和场景中被重申,从而强迫学习者出于热情去学习,可以根据每个学习者个人的兴趣设置灵活而有弹性的课程机制。

总体来说,内容导向教学法所持的教学理念主要有以下四个:①学习者交际能力的提高主要通过对专业学科知识的学习而实现,因此课堂以学科知识为主要学习内容,而不以语言技能的提高为核心。②课程设置和学习内容需要符合学习者的语言水平、认知能力以及情感需求,并需要考虑他们的职业需求和个人兴趣等因素,其目的是最大程度上保证学习是有意义的,从而保证学习者持久的兴趣和动机。③通过掌握新的学科信息来获得语言能力。学习者在学习的过程中通过使用目的语来获取新的学科知识,从而赋予语言学习以意义,同时学习者听说读写等语言技能也在这一过程中得到训练。④学习者接触的语言材料和完成的学习任务是真实的。内容导向教学法强调学习者在课程中接触的学习材料如课文、录音、视听材料等都需要是目的语本族人所使用的材料,从而保证学习者接触的是真实的、有意义的教学内容。在课堂中教师也会鼓励和要求学习者在接近真实语言使用情况的环境中去理解新信息的意义和完成有意义的语言任务。

第四节　教学过程

内容导向教学法强调语言学习从属于内容学习,因此在内容导向教学法中如果对于内容的掌握目标已经达成,则一般表明语言学习的目标也已经达成。但是同时由于内容导向教学法提出的更偏向是一种教学的理念,所以其并没有对教学过程中应该使用的教学技巧进行严格的规定,任何对内容意义的学习有帮助的活动都可以被纳入课堂学习中。为了增强该教学法在实际教学中的可操作性,一般规定在课堂组织和设置中可以按照以下几个模块进行:主题-课文-话题-线索-任务-过渡。其中主题是设置课程主要单元时所需要依托的中心内容，而话题是内容的细分单元，从不同侧面探讨和补充主题，课文是主题的主要表现形式，线索将不同的话题串联起来以增强整体的连贯性，任务是帮助学习者掌握学习内容的活动，而过渡则是扮演着不同的话题之间转换连接的角色。在以主题为基础的内容导向学习过程中，语言学习的目标一般决定了选择什么样的主题，即在每一门课程中都有特定的语言学习目标，而选择什么样的话题则主要取决于他们能够在多大程度上提供帮助达成这些既定目标的兼容内容。当然也存在这样的可能性，即这些以主题为导向的课程可能会导致学习者在某一方面的语言技能特别突出，然而在大多数情况下这些以主题为展开方式进行的学习带来的一般都是四种语言技巧的全面发展，因为这些被选择出来的主题往往能够促使学习者的语言技巧变得更连贯，并常常能够带来更高层面的语言技巧上的提升。以发生在柏林的一个以主题为展开方式的语言强化课程中制定的语言学习目标为例，其设定的目标主要包括以下四点：①重新活化并发展学习者已有的英语学习技能；②帮助学习者习得语言学习技巧和策略，使得这些技巧和策略可能被应用到学习者未来语言发展机会中；③提高学习者通用的学术技巧，使其可能被应用到大学所有学科领域的学习中；④加深学习者对英语母语使用者的了解（Brinton *et al.*，1989）。这些目标呈现出的特点是耗时长且多主题共同进行，且这些目标既可能是语言学层面的，也可能是策略层面的或是文化层面的。

在大部分内容导向教学法的课堂上课程大纲的设置一般都是根据教学内容而展开的，虽然其在细节和形式上往往呈现出极大的不同，这些课程最后一般表现为由不同主题构成的模型，这种模型通常也被称为主题大纲。至于选择什么内容的主题，这些主题根据什么顺序排列则主要取决于学习者语言学习的目标。主题大纲往往围绕特定的主题和副主题来进行编写。如以上提及的在柏林的一个以主题形式开展的语言强化课程上，在一学年的学习时间内定制的主题大纲内包括的主题主要是药物、宗教追求、广告、不列颠和种族问题、美国土著、现代建筑学等。这类持续一年时间的大纲往往包含一系列被精选出的模块，而这些模块一般按照某些特定的顺序进行排列从而使得它们能够互相连接，从而使得学习者能够产生关于某种语言技能、词汇、结构或概念的持续性进步。值得注意的是，在这一大纲中前六个模块的内容和顺序往往是固定的，且涉及的一般是学习者较感兴趣且在平时较容易接触到的主题。而在大纲中处于后期阶段的模块则一般会涉及一些技术相关性更强的内容,在选定这些内容时通常会假设学习者已经掌握了特定的技巧、词汇、结构和概念。这些模块中往往会加入一系列的练习,其目的是激发学习者对主题的兴趣,帮助学习者提高理解能力并帮助学习者明白在不同的情境和上下文中应该使用什么样的语言表达。因此,在每个模块结束时教师都会设计相应的练习来确保学习者知道如何根据情境来选择合适的语言表达,以及确保他们知道如何在交际互动中使用语言(Brinton *et al.*,1989:35)。

　　在具体的课程过程设置上,内容导向教学法的教学过程可能包括以下六个步骤:①确定教学内容。内容导向教学法非常注重教学内容要能够产生交际的价值且符合学习者的兴趣,因此在课程开始之前一般需要教师先和学习者见面,通过一起探讨或单独访谈等方式了解学习者对课程的期望以及他们未来可能在什么场景中使用到目的语。②根据教师对学习者调查和访谈的结果,教师和学习者一起探讨语言使用的可能场景并在这一基础上共识出学习者感兴趣的主题,之后再将其细化为具体的话题。③在确定了主题和话题的基础上从不同渠道获得学习者感兴趣且有助于提高他们对内容意义理解能力的语言材料作为课文,如可以选取权威教材中地道且真实的语料,也可以选取互联网上的音频视频等,目的是让学习者在阅读理解课文的过程中积极调动其四种语言技能,帮助其对所学内容的意义产生更深的理解。这要求在课文选择时要选择那些对学习者而言具有可理解性但略高于他们语言水平的语料。④确定具体任务。在具体细化的话题下教师可以设置读或写的任务来帮助学习者理解在什么样的情境下如何表达是更为恰当的。⑤衔接过渡。在话题和话题之间一般需要一些过渡从而能够使得一个话题更好地引出另一个话题,前面的话题中出现的部分内容在后面的话题中也可能会发挥积极的作用,因此良好的衔接往往是让话题资源流动起来的一个关键要素。⑥串联线索。教师可以在不同的话题之间寻找一些共同特点,从而能够更好地理解和阐明安排特定话题及这些话题按照某种特定的顺序排列的原因。以下案例更清晰地展示了内容导向教学法应用于汉语第二语言课堂的过程和特点。

　　(教案见书后本章附录,视频课请扫描以下二维码。)

第五节　影响与评价

内容导向教学法能够获得关注与推广的主要背景是语言和内容的结合学习越来越被视作是"在外语上获得进步的一种重要方式"。因为内容导向教学法强调应该教授符合学习者需求的真实内容,并要求创设丰富的使用情境以帮助学习者掌握在什么情况下如何进行合适的表达。而这一过程本身对学习者的语言感知和理解能力也提出了很高的要求,同时也需要学习者自身保持较高的学习动机和学习自觉性。结果是内容导向教学法往往能够有效地增强学习者的语言流利度,学习者通常会在语言学习上获得更好的控制感。同时由于学习者常常被要求面对复杂的学习内容,这一过程要求学习者不断加深对语法、词汇等语言系统知识的认识并不断改进自己的思维策略。而在教学的过程中由于学习目的不再仅限于语言学习本身,教师也可能会教授学习者在不同的行业和专业中获得成功的必要技巧。这些因素使得经过内容导向教学法训练的学习者更可能在更为复杂的学术和社会环境中表现得更好。

然而内容导向教学法也存在问题,对其进一步的发展造成一定的阻碍。其中最大的阻碍是内容导向教学法对实施的教师提出了很高的要求。教师不仅需要对各学科的知识系统有基本的认识和掌握,还需要熟悉不同的教学模式。以主题式的教学模式为例,确定教学内容的过程需要教师和学习者进行协商妥协,且需要尽量符合学习者的兴趣和需求,才能达到最好的学习效果。在这一过程中教师需要更好地做好角色转换,他们不能再仅仅将外语教学看作是一门独立的学科,而是需要与其他学科的老师一同合作才能一同完成教学任务。同时内容导向教学法存在的另一问题是还没有合适的配套教材,一方面内容导向教学法还处在探索和尝试实践的阶段,另一方面要编写出能够符合大部分学习者兴趣和需求的教材需要经验的累积,而内容导向教学法展示时可能采取的不同模式(如主题模式、遮蔽模式、附加模式、课程模式等)也为教材的统一编写提出了挑战。

第六节　小结

从 20 世纪 80 年代开始,内容导向教学法已经开始被应用于不同的语言教学场景中。如最初它被应用在 ESP、EAP 以及沉浸式的教学项目中,后来逐渐被应用到专为第二语言学习者设立的 K-12(从幼儿园到 12 年级)的项目、非母语的英语教学形式下的商业和职业课程、大学中的外语学习项目中等。内容导向教学法要求教师们根据学习者的兴趣和需求来设计和匹配更有趣、更有意义的内容,并要求通过课程任务和活动的方式来达成课程的目的。在这一过程中,学习者往往被引导着运用目的语去思考并学习相应的学科知识。这一过程往往需要学习者综合运用和提高自己的四种语言技巧,而这也为他们之后可能面临的学科知识学习及学术任务提前做好了准备。

参考文献

1. Brinton D & Snow M A. Wesche M B. Content-Based Second Language Instruction [M]. University of Michigan Press ELT, 2003.

2. Collier V P. How Long? A Synthesis of Research on Academic Achievement in a Second Language [J]. TESOL Quarterly, 1989,23(3):509-531.

3. Crandall J A. ESL Through Content-Area Instruction: Mathematics, Science, Social Studies. Language in Education: Theory and Practice, No. 69 [M]. Prentice-Hall, Inc. , 1987.

4. Grabe W & Stoller F L. Content-Based Instruction: Research Foundations [J]. The Content-Based Classroom: Perspectives on Integrating Language and Content, 1997:5-21.

5. Jordan R R. English for Academic Purposes (EAP) [J]. Language Teaching, 1989,22 (3):150-164.

6. Krahnke K. Approaches to Syllabus Design for Foreign Language Teaching. Language in Education: Theory and Practice, No. 67 [M]. Prentice-Hall, Inc. , 1987.

7. Mohan B. Language and Content [M]. Reading, Mass. : Addison-Wesley, 1986.

8. Richards J C & Schmidt R W. Language and Communication [M]. London: Longman, 1983.

9. Saegert J, Scott S, Perkins J, et al. A Note on the Relationship between English Proficiency, Years of Language Study and Medium of Instruction [J]. Language Learning, 1974,24(1):99-104.

10. Snow M & Brinton D M(eds.). The Content-Based Classroom [M]. New York: Longman, 1998.

11. Stoller F. Project Work: A Means to Promote Language and Content [J]. Methodology in Language Teaching: An Anthology of Current Practice, 2002,5:107-119.

12. Wesche M B. Discipline-Based Approaches to Language Study: Research Issues and Outcomes [J]. Language and Content: Discipline and Content-Based Approaches to Language Study, 1993:57-82.

13. Widdowson H G. Teaching Language as Communication [M]. Oxford University Press, 1978.

第十一章

词汇教学法

词汇教学法(Lexical Approach)是由迈克尔·刘易斯(Michael Lewis)于20世纪90年代左右提出的一种以词汇教学为核心的教学方法体系,其最为特殊之处在于认为语言学习的核心是听懂并生产语言组块,因此强调当学生进行外语学习时,先习得词汇和语言组块后再对其进行自由的支配。词汇教学法的诞生与语言学的发展密不可分,在语言学理论持续发展的过程中词汇的重要作用越来越被凸显出来,甚至连一度十分注重句法的转换生成语言学也越来越注意研究专门词汇及其组成、编码的方式。在这种发展趋势之下,词汇教学法应运而生,其特点是将含有多个词语的词汇组合视为语言结构的中心,且特别注重教授那些日常对话中频繁出现的固定表达。词汇教学法的倡导者刘易斯认为那些高频表达在对话中所占据的比例远比那些独特的表达方式要高,即在词汇教学法中,词汇的重要性远高于语法。

当然值得注意的是,词汇教学法所说的"词汇"的概念与传统外语教学法中所说的"词汇"存在较大的差异。传统的外语教学法将语音、词汇和语法看作语言的三个核心要素,而刘易斯则坚持认为,在外语学习中不应区别语法和词汇。具体而言,语法应该从属于词汇,因为词汇是储存在学生大脑中的各种词汇和词汇组块一同构成的心理词典或心理词汇库,在学习新的词汇时学生根据词汇使用的情境,借助已有的心理词典理解与应用新的词汇。因此,词汇教学法认为要求学生积累一定量的词汇组块十分有必要。

除了重新界定词汇的内涵和外延之外,词汇教学法还从儿童自然、快捷地习得母语的模式中吸取灵感，认为儿童能够自然地习得母语的秘诀在于在早期学习和记忆的过程中，整块地习得了母语表达的"预制板"词块，在习得与应用的过程中学生概括出了其中的语法规则并储存在了心理词典中，以供之后学习和使用时进行提取、再组合等操作。本章将就词汇教学法的历史背景、理论基础、教学原则、教学过程以及影响与评论进行介绍。

第一节　历史背景

18、19 世纪经历了对语言语法规则的集中关注之后，从 20 世纪开始语言学家开始重点调查和研究日常生活情境中所使用的语言呈现出的语音和结构特点。由此带来了结构主义语言学的兴盛以及在结构主义语言学的影响下诞生的直接法以及听说法等外语教学法的流行。词汇教学法获得关注的主要背景是 20 世纪 80 年代左右语言学家将语言材料收集、调查和描述的对象主要对准了日常生活语言。只是不同于传统语言学的是，此时语言学家在描述语言学时重心逐渐从语音和句子结构转向了词汇。20 世纪二三十年代左右，在 M. 韦斯特（M. West）、C. K. 奥登（C. K. Ogden）、L. 福西特（L. Faucet）等人的努力下，词汇选择方面的研究也越来越趋向成熟。

语言学家和语言应用学家对外语教学核心的认识发生改变的同时，也开始了对于相应教学法中应该使用什么教学大纲的讨论，其中较有代表性的是 J. M. 辛克莱尔（J. M. Sinclair）和 A. 雷诺夫（A. Renouf）于 1988 年提出的现代词汇教学法大纲。他们声称自己所制定的大纲和其他的综合性大纲一样，是为词汇教学法定制的、与任何教学法都无直接联系的"独立"大纲。同时他们也指出现代词汇教学法最大的优势在于强调实用性，即学生在该教学法体系下被要求学习的都是最有价值的内容，因为词汇教学法强调向学生教授的应该是最频繁使用的词语或词语的组块。然而在同一时期，C. J. 布鲁姆菲特（C. J. Brumfit）对两人的大纲提出了质疑，认为他们提出的只是一种理论上的功能性的大纲，并没能察觉以及描述第二语言是如何被学习的。此后，D. 威利斯（Wilis 1990）和 M. 刘易斯（Lewis 1993）在两人研究的基础上给出了进一步的理论证明。在词汇教学大纲的实践方面，柯林斯大学英语课程（the Collins COBUILD English Course）被视为相关研究在教学法上最为典型的实践，其所使用的教材被认为使用了现今 ESL 教材中最为复杂的混合型教学大纲。

总体来说,词汇教学法的教学大纲属于命题式教学法的典范,并将词汇作为语言分析和大纲内容设计的基本单位。而教学法中大量的实例也证实词汇不仅是单词,还蕴含无数的固定组块、词语组合等。这些固定或半固定的组块被认为是人类语言进行交际时所使用的最小组块。而在具体应该教什么词汇的问题上,高频率词汇被认为是对于学生、教师和教材编写者而言最为有效的内容。这是因为选择相对更为高频出现的词汇能够促进学生课堂上的交际活动,在课后学生的语言实践中也能提供更大的借鉴意义。在确定哪些词汇是高频率出现词汇的问题上,外语词典能起到较好的参考作用,而语料库则能提示日常生活情境中人们对该语言使用的总体情况。词汇教学法得以迅速发展的另一重要背景是20 世纪以来,电脑技术以及大数据分析技术的成熟也使得对真实语料的分析成为可能。特别是 20 世纪 80 年代左右计算机技术成熟的基础上发展起来的语料库(corpus)为语言学收集日常生活情境中的语言事实材料提供了技术条件。不仅如此,语料库还能按照语言学标准对收集到的语言样本进行选择、排序以及定量、定性的描述分析研究,由此诞生了语料库语言学。语料库语言学对词汇和语法呈现出的频率、规律等能够进行很好的统计和归纳,特别是词语的搭配成为了语料库语言学研究的核心部分。词汇教学法体系也在语料库语言学的指导下以更为科学的方式开始逐渐建立起来了。

第二节 理论基础

词汇教学法的终极目的是培养学生的交际能力,并特别强调交际过程中意义的交流。因此,词汇教学法实际上是从属于交际语言教学的一种教学法。但同时由于词汇教学法认为学生交际能力主要体现为其记忆和运用意义完整的固定或半固定的词汇组合的能力,所以词汇教学法又建立在深厚的语言学理论基础上。

一、交际语言学

词汇教学法的突出特点之一是将培养学生的交际能力作为语言学习的最终目标,将意义的交流作为语言学习中最为核心的目的,这种理念与自然法和交际法有异曲同工之处。在如何较为快速地培养起学生交际能力的问题上,词汇教学法特别强调词汇在学习过程中发挥的重要作用。词汇教学法认为语言本质上是语法化的词汇,反对将词汇和语法独立出来。而在具体的语言教学上词汇教学法特别重视词汇的意义功能,认为通过让学生习得、积累大量固定和半固定的词汇组块便能加速学生交际能力的发展。因此,从本质上来说,词汇教学法总体遵循交际法的教学目标和理念,只是在具体的语言教学层面的理论和实践上以词汇作为核心,形成了自己独特的步骤和方法。

二、语言学理论

在对语言的研究展开的过程中,对语法规则的研究一向居于主流。与此同时,在外语教学法的发展过程中,是否讲解语法知识也成为了区分教学法的一个重要标准。提倡讲解语法知识的教学法流派以语法翻译法为主要代表,它们认为学习语法或句型能够提高学习者对语言的理解和分析能力。而词汇教学法则提出将词汇作为学习者学习的主体,认为影响学生对外语的运用能力的主要因素是其对词汇的掌握。在具体的语言运用问题上,词汇教学法强调语言交际的最小单位是固定或半固定的词汇组块,这些词汇组块是学习者习得与运用语言的最小单位。学习者在早期的学习中习得的正是这种整体的、不加分析的单位,A. P. 科威(A. P. Cowie)将其称为"预制板"。不同于此前的生成语法学派等主流语言学派的观点,词汇教学法认为学习者在使用语言时并不受制于语法规则或社会规则,只受制于储存于其心理词库中的词汇组块的数量。而在词汇教学法不断发展的过程中,刘易斯本人也意识到词汇教学法缺乏必要的学习理论的基础,因此后来补充了词汇教学法所涉及的理论假设,主要包括:①在不同的情境中呈现新的学习内容是学习发生必要且充分的条件;②注意语言中的词汇组块或搭配能够帮助学习者内化"输入"的内容,但并非完全充分的条件;③注意母语和目的语之间的相似点、差异以及例子能够帮助学习者内化"输入"的内容,尽管正式地描写规则可能并不会产生相应的效果;④学习者的习得并不表现在应用正式规则的能力上,而是发生在学习者积累了足够多的例句之后,从这些例句中学习者可以进行临时的归纳总结,从而获得生产新的语言内容的能力,即在词汇教学法中,组织语言的能力来自于此前学习并储存的相关例句,而非正式的规则;⑤任何线性的大纲都不能充分地反映语言习得非线性的本质。这些语言学习的理论假设在一定程度上强化了词汇教学法的语言学基础。

第三节 教学原则

在外语教学中,对语言本质的认识往往决定了某一外语教学法的核心要素,并进而决定了该教学法在之后所采取的教学目标、教学大纲以及课堂教学的侧重点。词汇教学法认为词汇是语言与语言教学的核心,即词汇远比语法、功能、观念乃至其他的一些课堂上的计划、步骤等更为重要。事实上,词汇教学法的一个重要突破便是打破了词汇和语法之间绝对的界限,强调词汇是"小语法"(small grammar),语法是"大词汇"(big word)。这种理念也导致了词汇教学法不提倡教授传统语言学观念中占据着重要位置的语法,转而大力提倡对词汇(lexis)和词汇组块(chunk)的教学。词汇组块(或称为词汇搭配、词汇单元、词块)指的是词汇之间一同出现的频率,如动词 do 可以与多个名词一同出现,此外英语中的词汇搭配还包括双项式(binomials)、三项式(trinomials)、俗语(idioms)、明喻(similes)、连接词(connectives)以及对话开场白(conversational gambits)等,也属于词汇组块。构成词块的可以是单独的词(single word)或多词项目(multi-word item)。词块的基本类型主要可分为四类:①词(words)、多词组合(polywords);②词汇搭配(collocations);③固定表达(fixed expression),其中又可能包括社交问候(social greeting)、礼貌用语(politeness phrases)、常用语手册(phrase book language)和半固定表达(semi-fixed expressions);④句式结构或句头(sentences frames and heads)。词汇组块被认为在语言的学习和沟通中扮演着最为重要的角色,同时基于大规模的电脑数据库语料库研究也可以调查出这些词汇组块在各种语料和口语对话中出现的频率,而其结构可以运用到语言的教学中。因此,语料库是考察词汇和词汇组块使用频率以及使用场景的重要媒介,也是词汇教学法教学展开过程中的一个重要语料来源,同时也是学生和教师获得英语中词语搭配和其他多词语组合习惯的重要途径。在所有的语料库中最为著名的三大语料库是英国的 COBUILD 英语语料库(COBUILD Bank of English Corpus)、剑桥国际语料库(the Cambridge International Corpus)以及英国国家语料库(the British National Corpus),其中最大的语料库收集超过三亿个单词。在词汇教学法的课堂上,学生可以通过在语料库中进行词语搜索来加强对语篇中关键词的关注,教师也可以利用相关词语索引的结果,让学生进行相应练习以增加学生对目标词汇的印象和掌握程度。

而对于学生应该将什么语料作为学习对象的问题,乔姆斯基曾经提出语言学习者应该尽量去创造和翻译那些独特且从未听闻或使用过的句子,但词汇教学法对此的认知正好相反。词汇教学法认为日常使用的句子中只有很小的一部分属于全新的创造,而日常生活会话中的大部分都主要由"组块"或"固定结构"构成。因此词汇教学法认为语言生产的过程主要表现为将适用于某一特定情境的已有的词汇组合拼合起来,而对语言的理解则主要取决于学习者是否能够根据这些情境预测出哪些词汇结构有可能会出现(Nattinger 1980),即词汇教学法的倡导者认为语言学习的效果取决于学习过程中教师是否激活了学习者储存在大脑中已有的心理词典。

对于学习者如何内化词汇组块的问题,词汇教学法的倡导者指出,母语使用者能够很好地输出语言的要素是他们有大量词汇组合整合包以供随时提取使用。那么对于外语学习者而言,他们缺乏母语使用者的经验基础,他们是如何内化并逐渐掌握这些必要的词汇组合包的呢? 对此,不同的应用语言学家给出了不同的解释。第一种观点是认为应该重视目的语和母语在词汇搭配的形式以及意义上的重合性,即可以通过对比目的语和母语的搭配习惯,并将教学重点放在两者不同的部分。第二种观点是认为可以从"语言输入"的角度出发,通过让学生扩大阅读量的方式使其在潜移默化中逐渐掌握目的语中必要的词语搭配。第三种观点是认为可以在课堂上让学生自主地在语料库中针对某些词汇的搭配形式进行搜索,希望以此方式让学生掌握词汇在不同情景中的使用情况。部分学者重点探讨了词汇材料应该以什么方式进行排列才能最好地对学生构成指导意义。如 I. S. P. 内蒂恩(I. S. P. Nation)先回顾了一系列对词汇搭配和词块进行分类的标准,并在此基础上就如何针对不同类型的搭配进行排序和讨论给出了指导性建议。而 J. R. 耐丁格(J. R. Nattinger)和 J. S. 迪卡里科(J. S. DeCarrico)则从是否可以创建一个功能性纲要的角度出发对词汇组合分类的可能性进行了探讨,并分别给出了这个分类在英语及其他几种语言中的例子。他们的观点主要是"将词汇组合分为社会影响、必要话题、对话工具等几类从教育意义上而言是最为有效的区分方式,但是在未来更为深入的研究之后也可能会发现更为有效的分组方式"(Nattinger & DeCarrico 1992)。

　　同时一些学者则试图将词汇教学法作为核心原则进行了相应的语言教学的设计,其中较有代表性的是 D. 威利斯设计的"词汇大纲",这一大纲后来也被运用到 COBUILD 英语课程中。其最为核心的特征主要表现为课程大纲及相应教材都是基于词汇的准则编写,而非语法准则。通过对 COBUILD 语料库中的语料进行电脑分析,D. 威利斯指出"英语中最为常用的 700 词构成了英语语料中约 70% 的内容,这也解释了为什么词汇出现的频率决定了我们对话的内容"(Willis 1990)。因此他建议在第一阶段的外语学习过程中将会试图覆盖最常用的 700 词及它们常见的结构和用途。虽然词汇教学法强调词汇出现频率的理念看似与此前 M. 韦斯特、E. L. 桑代克等人以词汇为基础所进行的分析有诸多相似之处,但 COBUILD 课程的独特之处在于它是基于电脑分析的,词汇教学法试图通过对语料库的分析去发现相关词汇最频繁出现在哪些搭配中。对此 D. 威利斯解释称"词汇大纲不仅包括一个结构型的大纲,同时也对外展示了组成大纲的各个结构的例子,因为电脑语料库展示了词汇出现在不同的结构中的频率"(Willis 1990)。

　　词汇教学法的展开依赖于词汇大纲,值得注意的是这些大纲都是基于意义的,即进入这些大纲的词汇一般包括了学习者在日常生活中可能会使用的意义,因此相比传统的语法结构而言具有更高的交际价值。词汇教学法将意义作为给词进行编码的标准,而意义按照交际活动的需求则可分为"所属"(possession)、"遗憾"(regret)、"频率"(frequency)、"方式"(manner)等几种类型,而这些类型在具体的例句中又分别表现为特定的关键词。词汇法教学大纲、教材的编写者戴夫·威利斯(Dave Willis)和简·威利斯(Jane Willis)便是在这种观念的影响下,提出可以通过选出使用频率最高的词汇覆盖使用频率最高的意义。这些高频率出现的词汇可以在语料库中选出,同时也可以利用语料库的资料分析该词汇在不同意义下常用的语法类型。而下一步便是设计者安排相应的教学资料来展示这些意义和类型。在具体的教学原则上,刘易斯提出了关于词汇教学法的20 条基本原则,这些原则大部分来自交际法倡导者,强调语言学习过程中交际的重要作用。如"社会语言中的交际能力是优先的能力,是基础,而非语法能力""强调任务和过程而非练习和结果",这些观念也决定了词汇教学法课堂中以任务和活动为主的特点。在对词汇教学法原则的阐释中,刘易斯也着重突出了对语言本质的认识,如"语言是语法化的词汇,而不是词汇化的语法""搭配是组织教学大纲的总体原则"等。这些原则的提出对于教学大纲的编写及课堂总体组织原则给出了总体方向,但是在具体教学中应该遵循什么步骤或者使用什么方法的问题上,刘易斯并未给出明确的阐述。

第四节　教学过程

在此前语言学以及应用语言学发展的过程中,学者普遍认为语言学习中语法规则扮演着重要的角色,而语言学习便是学生不断输入语法规则并最终形成提取语法规则能力的过程,这一过程中学生需要辨别语法规则组织的方式,判别是否存在语法错误,并尝试将语法规则应用于不同的场景,整个过程中意义不一定发挥作用,学生的交际能力不一定会随着所掌握的语法规则增多而提升。因此,语法规则教学一般遵循"教师讲解-教师带领学生操练-学生应用语法规则"的步骤展开。而词汇教学法的不同之处首先在于它不仅对词汇做出了全新的界定,而且从全新的视角出发提出语言学习是逐渐习得语言的语块或项目如何被加工的过程。在这一理念的基础上学生首先会经历一个语言输入的阶段。在这个阶段中,教师需要向学生尽可能地提供足量的、真实的理解性输入,目的是通过这一过程让学生理解、吸收并形成词块或"预制板"语块,从而使学生在之后的输出阶段顺利地从大脑记忆中提取出这些词块或"预制板"语块。这也是词汇教学法将学习者心理词库中所存储的词汇组块的多少视作检验学习效果的重要指标的原因。在这个过程中,学习者被要求整体记忆并习得那些固定和半固定的词汇组块,虽然这些词汇组块本身也包含一定的语法结构和规则,但是学习者不需要分析其中的语法规则或其中是否存在语法错误,他们只需要将尽可能多的词汇组块纳入心理词库中以供未来在运用语言时进行提取。由此对词块的教学过程主要遵循"学生观察-学生假释-学生验证"的过程。在观察阶段,学生需要在一定的时间内在特定交际环境中去观察并积累语言材料(主要表现为一些多词的结构单位)并对其建立初步的感知。在这一阶段中学生不需要知道这些多词的结构单位由哪些成分组成,只需要尽可能地去理解、吸收、记忆词块。而在第二个假释阶段,学习者在对语言材料进行了一段时间的观察、积累和吸收之后,开始自主地对其组成成分进行分析,并在一些相似的交际情境中尝试对这些词组中的部分成分进行替换,组成新的词组。在第三个验证阶段,学习者在经历了充分的积累、感知、记忆、分析、运用等工作之后,对语言的综合感知和运用能力得到提高的基础上开始能够自主地选取不同组块中的重要成分进行组合拼接,构成新的句子。

在词汇教学法各阶段学习开展的不同阶段都或多或少地需要利用一些资源或设计好的活动。具体而言可以支持词汇教学法展开的教学资源至少可分为四类:一是完整的课程包,如文本、磁带、教师手册等,柯林斯 COBUILD 英语课程便会配备较为完整的课程包;二是关于如何进行词汇教学活动的合集,以刘易斯的《词汇法的实施》(*Implementing the Lexical Approach*)为代表;三是电脑语料库所收集材料的打印版本,有时学生所做的练习会以这些材料作为基础;四是电脑索引程序以及所附的数据,这些材料的作用主要是让学生开始建立并实施他们自己的分析。这些材料一般以 CD-ROM 的方式存储,或者也可以直接从相关网站上下载下来(Richards 2008)。课堂中使用的打印材料一般是从词汇的语境材料或索引结果中收集而来的。当在课堂中碰到一些词义相近、难以轻易地解释两者区别的词汇时,电脑语料库便可以让学生和老师了解这两个词汇在真实的语言使用环境中是如何表现的,当然语料库所给出的相关词汇的使用场景一般是有限的。

而在使用词汇教学法进行教学的课堂上,教师和学生是否很好地完成了自己需要承担的任务也会对学习效果产生较大的影响。因为如果要保质保量地完成词汇教学法各阶段的任务,教师和学习者良好的配合势必是不可少的。以词汇教学法开展的第一个阶段为例,在这一阶段中教师应该尽可能地为学生提供充足的理解性输入,而同时词汇教学法还要求教师尽可能地简化自己的语言并使用目标词块。而学生则被要求少说或少做非语言性的反应,但同时教师应该鼓励学生积极参加课堂活动与练习,其目的是在保证学生对课堂参与热情的基础上逐步鼓励学生进行自主的表达。总体来说,课堂设计者一般都将学习者定位为"会话分析者",即学习者被暴露于大量的会话之中,这些会话或以整体打包好的数据的形式出现,或需要学生通过电脑程序进行搜索,但都是需要学习者进行输入、吸收和分析的对象。而教师则需要在课堂中引入一些活动以将学生的注意力引到词汇搭配上、增强他们对词汇搭配的记忆以及为他们创造使用相关词汇搭配的机会。G. 伍拉德(G. Woolard)提出词汇搭配的学习是语言能力发展的一个方面,并且在这一过程中能够很好地培养学生独立学习语言的能力。

因此他认为在学习词汇搭配的过程中，教师应该着重去教学生如何教自己学习，比如教师不仅应该训练学生在指定的语篇中发现、记录重要的词汇搭配，同时也应该训练他们在课外去搜寻相关的语料，并尝试从这些语料中去找到满足他们需求的重要词汇搭配（Woolard 2000）。同时也有学者提出在词汇教学法的课堂上，教师需要让学生注意到词汇搭配的存在、教授新的词汇搭配、鼓励学生将课堂中教授的词汇搭配记录在专门的词汇笔记本上。不仅如此，教师还需要在学生已经知道的词汇搭配的基础上帮助他们进行拓展，这一目标的达成主要通过教师纠正学生所犯的搭配错误并向他们阐明词汇搭配中存在的一些规则和限制。以下案例更清晰地展示了词汇教学法应用于汉语第二语言课堂的过程与特点。

（教案见书后本章附录，视频课请扫描以下二维码。）

第五节　影响与评价

一、词汇教学法的影响

由于语言学的发展以及词汇教学法的崛起，词汇在语言教学中的地位得到了很大的提升。这种改变的出现并非偶然，一方面语料库的发展使得对词汇使用频率的分析成为可能，另一方面人们在语言使用和学习的过程也越来越注意到多词单元的重要作用。这是词汇教学法被提出、得到积极响应的一个重要背景，同时也正是因为词汇教学法应用范围的扩张，词汇在语言学习中的地位得到进一步的提高，人们对语料库的关注度也骤然上升。然而当刘易斯及其他课程设计者提及词汇教学法时，更多指向的是一种以词汇为教学基础和核心的理念。相对此前的一些较为成熟的教学法而言，词汇教学法缺乏具体实施时所需要的方法和步骤。当然不少学者在这一理念的基础上提出了相关教学过程和教学大纲的设计，这也证明了词汇教学法在找到合适的教学方法之后更上一层楼的可能性。

二、词汇教学法的优劣势

总体来说,词汇教学法的优势主要在于它提倡让学生吸收和记忆词块,学生从语境中识别并记忆目的语中出现较为频繁的词汇组合,因此其在输出阶段提取出的也是相对更接近于目的语的内容,如在英语的学习中学生的表达便更不容易出现"中国式英语"的情况。同时这些固定或半固定的组合不仅本身具有完整的意义可供直接提取和使用,因此学生不需要先提前记忆大量单词和语法规则并进行组合拼接。其结果是学习者在语言输出时的速度也会相应加快。由于学生所记忆的词汇组块本身也具有较强的语言生成能力,学习者在学会如何对相应的词块进行分析、替代、组合之后便能得到新的词块、句子以及语篇,并将其应用于交际对话中。因此,总体来说,词汇教学法对于增强学生的交际能力有较强的推动作用。值得注意的是,在英语作为第二语言教学的环境中,对词块和固定词组的教学似乎已经变得十分普遍,虽然这种发展趋势和词汇教学法的发展之间是否存在必然关联还存在争议。

而词汇教学法的劣势主要在于过于强调词汇对学生语言学习的限制作用,完全否定了对语法规则进行独立教学的必要性。正因如此词汇教学法在教学过程中始终将词汇、词块作为主要的教学对象而忽视了对语法规则和结构的教学。虽然不同的语言在结构上各具特点,但不管在哪一种语言中总结一种语言结构变化以及句子组织的规则对于语言教学和学习都有较大的借鉴意义。语言结构的记录、描写和分析也是语言学中的一个课题,特别是在英语这种词形变化和时态变化都非常多的语言中,语法规则的学习能帮助学生更好地总结发现其中的规律,从而提高学习的效率。而词汇教学法完全忽视语法结构教学的特点也使其失去了补充完善自身的学习理论的机会。同时作为强交际法的衍化教学法之一,词汇教学法强调在课堂上开展各种任务和活动以帮助学生记忆词汇组块并强调利用语料库帮助学生接触并吸收日常生活中真实的语料,在具体的实施上存在较高的难度。另外,虽然刘易斯在对词汇教学法原则的阐述中指出词汇教学法适用于初级水平的学生,不适用于中级水平或高级水平的学生,但词汇教学法的一些观念在中高级水平学生某些技能的培养中也可以发挥正面的作用,如李红(2005)便曾就如何在中国研究生的英语教学中利用词汇教学法并运用合适的方法以提高其阅读和听力能力展开过探讨。

第六节 小结

词汇教学法是由迈克尔·刘易斯于 1993 年创始的。这一教学法诞生的背景主要是语言学研究深入过程中人们对词汇的概念产生了全新的认识,同时计算机技术逐渐成熟也带来语料库语言学的蓬勃发展。不同于此前结构主义语言学将句子作为语言运用的基本单位,词汇教学法的倡导者认为语言运用的基本单位是那些固定或半固定的模式化的组块,而语言运用主要体现为学习者从心理词库中提取出需要的词汇组块的过程。因此,词汇教学法将教学对象限定为那些由语料库调查并筛选出的日常生活中高频出现的固定或半固定的词汇组块,学者纷纷在这一理念的基础上开始建立常用的词汇组合表。在具体的教学实践中,词汇教学法将提升学生的交际能力作为终极目的,因此强调对词汇意义的教学,要求教师在学习的初级阶段为学生创造满足"质""量"要求的目的语输入,以帮助学生存储、吸收固定和半固定的"预制板"。同时教师也需要在课堂上以任务和活动为导引,吸引学生主动去关注语篇中的语块并逐渐形成分析、替换和生成新语块的能力。

总体而言,词汇教学法在此前传统教学法的基础上对词汇概念进行了重新界定,在促进学生交际能力进步上提出了诸多具有创新性的设想,然而由于其对语法规则的忽视以及其在学习理论基础上的不足,还是使其引起了一定的争议。

参考文献

1. 李红. 词汇教学法与研究生英语教学[J]. 山东外语教学,2005(2).
2. Faucet L, West M, Palmer H, & Thorndike E L. The Interim Report on Vocabulary Selection for the Teaching of English as a Foreign Language [M]. London: P. S. King,1936.
3. Lewis M, Gough C, Martínez R, et al. Implementing the Lexical Approach: Putting Theory into Practice [M]. Hove: Language Teaching Publications,1997.
4. Lewis M. The Lexical Approach: The State of ELT and a Way Forward [M]. Oxford: Heinle Publishers,1993.
5. Nattinger J R & Decarrico J S. Lexical Phrases and Language Teaching [M]. Oxford: Oxford University Press,2001.
6. Nation I S P. Learning Vocabulary in Another Language [M]. ELI Occasional Publication No. 19,Victoria University of Wellington, New Zealand,1999.

7. Ogden C K. Basic English：An Introduction with Rules and Grammar［M］. London：Kegan Paul，Trench & Trubner，1930.

8. Schmitt N. Vocabulary in Language Teaching［M］. Cambridge：Cambridge University Press，2000.

9. Thorndike E L & Lorge I. The Teacher's Word Book of 30,000 Words［J］. Teachers Word Book of Words，1944.

10. Willis J. & Willis D. Challenge and Change in Language Teaching［M］. Macmillan Education Australia，1996.

11. Willis D. The Lexical Syllabus［M］. London：Collins，1990.

12. West M. Bilingualism（With Special Reference to Bengal）［M］. Calcutta：Bureau of Education，1926.

第十二章

任务型教学法

任务型教学法（Task-Based Language Teaching，TBLT）从诞生到现在已有30多年的历史了。一般认为任务型教学法指的是以任务作为语言教学主要计划和指导方式的教学方式，而任务型教学法的不同倡导者对其内涵的认识也不同。有的将其看作是第二语言习得的单位，有的将其看作是外语教学的一种任务途径，还有的将其视为一种强交际语言教学形式。研究任务型教学法的专家学者也从不同的角度对其进行了定义。如任务型教学法的创始人 N. S. 普拉布（N. S. Prabhu）认为可以从认知过程的角度将任务定义为一种活动，这种活动要求学习者在参与活动的过程中通过一些思维过程获得结果，而教师需要在这一过程中发挥控制和监管思维的作用。J. C. 理查兹（J. C. Richards）认为可以从目的、程序、顺序、速度、成果、学习策略、评价、参与者、资源、语言等方面来解读任务，并强调任务的这些方面都影响着它们在语言教学中的使用，即任务是帮助学习者达成特定目的而设计的活动。J. 威利斯（J. Willis）将任务型教学法视为是从交际语言教学法进化而来的产物，因为任务型教学法所秉持的原则在很大程度上和 20 世纪 80 年代以来构成交际语言教学法变革的原则相同。这些原则主要包括：①那些包含着真正交际的活动对语言学习而言是非常必要的；②如果在活动中语言能够被用于进行有意义的任务，那么这种活动就能促进学习；③那些对于学习者而言有意义的语言往往能促进学习的过程。任务被认为是能够实践这些原则的有用工具。

任务型教学法在名称和内涵上都存在很多说法，这既表现出学界对任务型教学法的关注和重视,又反映出统一标准的缺失,很多教学者对教学中任务的理解也可能存在偏差之处,而又希望套以任务型教学法的名号对教学过程进行合理化。章兼中将任务型教学法定义为:"以任务为主线,具有特定的目标、恰当的内容、特定的情境和程序,用意义为中心的目的语完成特定任务项目的过程"(章兼中,2016)。任务型教学法最为明显的特征是要求学习者使用接近纯正的目的语并使用目的语去完成有意义的任务,这种任务可能是去看医生、进行面试或向客服询问问题等。由于任务型教学法特别关注学习者在课堂上的任务训练是否能够对其实际生活中碰到的交际场景产生正面的作用,因此其考核标准主要是任务的结果,即任务的完成情况,而并不特别关注语言形式的准确度。因此,任务型教学法有利于提高学习者的自信心和语言表达的流利度,有时也常常被视作是交际语言教学法的分支之一。任务型教学法常常被认为与"问题导向的学习"(Problem-Based Learning,PBL)、"内容导向的学习"(Content-Based Instruction,CBI)以及"内容与语言整合式的学习"(Content and Language Integrated Learning,CLIL)存在较大的相通之处。两个在交际框架中进行任务为基础方法的应用案例分别是马来西亚交际大纲(Malaysian Communicational Syllabus,1975)和班加罗尔项目(Bangalore Project,1985,1987,1990)。本章将主要就任务型教学法的历史背景、理论基础、教学原则、教学过程以及影响与评价进行详细的介绍。

第一节 历史背景

任务型教学法的兴起和交际语言教学法有密切的联系,或者说任务型教学法是交际语言教学法的下位分支。教育学家支持任务型教学法的原因也各不相同,如有的教育学家认为以任务型教学法为中心的课程大纲设计有利于使得课堂上的语言教学更有真实意义上的交际性,并且认为这种方式不同于那些以活动方式展开但实际上只是和现实生活情境无关的伪交际活动。对任务型教学法的推广和普及起到关键作用的人物是普拉布。从1979年到1983年,普拉布在印度南部的班加罗尔小学工作时,注意到学习者面临一些非语言性问题时的表现和他们在面临一些语言性问题时的表现一样,他进行了将英语作为第二语言教学的交际教学项目的实验,并在1982年出版的《交际教学项目》中总结了实验的结果。他的实验最突出的特点便是强调让学习者在真实的世界和真实的情境中使用英语完成任务,而任务的产生和确定、任务的执行和任务的完成都是学习者提高自身交际能力的机会。在任务的实行过程中,普拉布强调任务需要以意义为中心,反对按照语言结构或者语言的功能排序来安排任务,因为他认为只有让学习者将注意力始终集中在语言的意义上才能习得最好的语言形式。此外,对任务型教学法的可行性进行过调查的学者还包括 T. 皮卡(T. Pica)、马丁·伊斯特(Martin East)、迈克尔·朗(Michael Long)等人。在任务型教学法的倡导者中,有一批人特别关注任务型教学法对交际语言教学法的继承,如 J. 威利斯(Willis 1996)就将任务型教学法视为交际语言教学法的发展,认为任务型教学法引用了交际语言教学法的几条重要原则,这几条原则是促使交际语言教学法在 20 世纪 80 年代实现变革的重要因素,如:①如果一些活动涉及真正的交流,那么这些活动是非常有必要的;②如果一些活动中参与者需要使用语言来完成有意义的任务,那么这些活动往往能促进学习;③对学习者来说有用的语言能帮助到学习者的语言学习过程。而任务被视作是实际应用这些原则的有效工具,两个在交际框架下进行的任务型教学法应用分别是马来西亚交际教学大纲和班加罗尔项目,而这两个项目都是相对来说生存时间较短的。任务型教学法的倡导者认为语言学习不仅是将学习者沉浸在"可理解的输入"中,更是要将他们沉浸在那些需要他们协调意义并参与到自然的、有意义的沟通中。因此,任务型教学法的倡导者提倡应该将任务纳入学习的过程中,并认为这种活动比起那些只关注形式的活动往往能够更好地激活学习的过程,因此也往往能够为语言学习提供更好的机会。

　　20 世纪末任务型教学法在欧美获得了进一步的发展,第二语言教学法专家纷纷从不同角度入手对任务型教学法的内涵进行阐述,还有人专门编写了任务型教学法的教材《领先英语》。这些努力使得任务型教学法在欧美的第二语言教学界掀起了热潮,我国在这样的潮流情形之下也从香港开始,逐渐从上而下开始了对任务型教学法的应用和实践。2001 年我国将任务型教学法写入义务教育和高中的课程标准,甚至成为了全国中小学中唯一的外语教学途径要求被推行,与此同时其他的外语教学法体系则几乎在中国的外语课堂上消失了。后来在广大外语专家和教师的反对下,2011 年教育部新颁布的《全日制义务教育英语课程标准》中将在英语课程标准中提倡任务型教学法的文字删除了。我国英语教学提倡任务型教学法十多年的实践过程也经历了很多误区,这主要也是由于很多人对任务型教学法本身的理解存在偏差,如有的人将任务理解为涵盖一切英语教学模式的教学模式,而有的人则不区分任务、练习和操练之间的关系,将其统称为任务型教学法。但实际上两者不仅概念不同,操作范围不同,而且它们在目标、侧重点、条件等方面都存在差异。如练习(exercise)在传统的外语教学过程中与操练(drill)、活动(activity)的概念相同,其方式多是机械性的,侧重点是让学习者通过大量的形式操练来把握语言的形式,不要求结合真实的社会生活情境,也不要求学习者一定要理解练习的内容,但是语言形式的准确性在这一过程中受到严格的把控。

第二节　理论基础

　　任务型教学法和交际语言教学法有着密切的联系,因此任务型教学法的理论基础和交际语言教学法有着诸多交叉之处,具体来说又涉及语言学理论、心理学理论、学习理论等。

　　在语言学理论上,由于任务型教学法主要由交际语言教学派生而来,而交际语言教学重要的语言理论基础便是社会语言学,社会语言学的语言观是将语言视作是人类社会最重要的交际工具。因此,任务型教学法将交际功能视作语言最为本质的功能,将学习者是否能够恰当地使用语言作为评价语言学习的一个重要维度。可以说任务型教学法最为底层的逻辑仍然是对语言本质的以下几个重要假设:

　　第一,和此前的交际语言教学法相似的是,任务型教学法也强调在语言的使用过程中意义发挥着核心作用,并认为"语言主要是一种创造意义的途径"。如P. 斯基汉(P. Skehan)就曾经指出"意义是最重要的,对任务的衡量方式主要基于想要得到的结果,基于任务的指导和语言的形式没有关系"(Skehan 1998)。

　　第二,任务型教学法也受到多种语言模型的启发,这主要体现在对任务的分类上。如一些研究者曾经提出可以根据功能分类对任务进行划分。R. C. 伯威克(R. C. Berwick)曾经提出可以将"任务目标"作为区分任务类型的一个重要标准,他指出任务目标在原则上可以分为"教育性目标"或"社会性(纯交际性)目标"。"教育性目标"指的是那些具有清晰的教育功能的目标,而"社会性(纯交际性)目标"指的是那些活动参与者需要在过程中使用语言进行交际的目标。P.福斯特(P. Foster)则提出了一种针对任务功能的三分法,即将任务分为"私人的目标""叙述性的目标"和"做决定式的目标"。这些对任务类型的划分一方面借鉴了由雅各布森、韩礼德、威尔金斯等人提出的模型,同时也受到第二语言习得研究的启发,特别是那些重点关注任务的交际层面意义的研究。

第三,词汇单元在语言使用和语言学习中起着重要的作用。近年来,词汇在第二语言学习中的作用越来越受到重视。而且词汇的内涵不仅包括单词,还包括词组、词根以及固定搭配、固定表达等,如 P. 斯基汉就曾经在提出关于任务型教学法的假设时提到过这一点:"虽然很多的语言教学都会基于语言是结构的这样的假设,词汇的作用主要是填入结构中,但事实上很多语言学家和心理语言学家都曾经指出过母语的加工过程以词汇作为最为自然的展开形式。这意味着语言在使用和加工的过程中,很多时候是直接以词组作为生产和接受的最小单元,虽然这些词组可以被语言学家再切分成更小的单元。因此,所谓语言流利度便是学习者在不过分停顿的情况下生产语言的能力,由于受到实时的交际的压力,这种流利度更依赖于学习者对词组模块的掌握情况"(Skehan 1996)。

在心理学理论上,任务型教学法和交际语言教学法一样,也受到人本主义心理学和认知心理学的影响,同时一些专家也提出任务型教学法受到社会建构主义的影响。其中人本主义心理学强调学习的过程需要考虑人的各种需要,特别是自我实现的需要,因此人本主义心理学强调学习的过程要激发人内在的价值与潜能,并且应该尽可能地有意义。认知心理学主要基于皮亚杰对儿童认知规律的发现以及布鲁纳的认知发展理论,皮亚杰提出儿童的认知呈现出的特征是在原有知识的基础上主动构建知识,而布鲁纳则描述了学习者发现、归纳和内化知识规律的原理。此外,一部分的教学专家则认为任务型教学法主要建立在社会建构主义理论之上,而这一理论的代表人物是苏联的心理学家维果斯基,他认为通过学习者与社会上其他人有意义的交往,可以使得学习者产生并构建世界的意识,发展构建世界的水平,而知识便是在这种学习者在社会上与其他人相互使用语言进行有意义的交往的过程中逐渐发展成熟的。

总体来说,由于任务型教学法由交际语言教学法派生而来,而交际语言教学法最为核心的理论基础是克拉申提出的二语习得理论,因此准确地说任务型教学法主要建立在学习理论的基础上。克拉申在阐述第二语言习得理论过程中要区分的范畴主要有两个,一是第一语言、第二语言和外语的概念,二是习得和学习的概念。任务型教学法深受习得理论的影响,习得理论正是克拉申提出的自然法五个假设中的核心假设之一,任务和习得之间的关系主要可分为以下三点:

第一,任务为语言习得所必须的语言输入和输出过程创造了条件,主要体现为任务促进了语言的意义协调、修改、重组和试验,而这些都是二语学习最为核心的促进因素。比如一些学者也强调在语言习得过程中对话扮演着核心的作用,而对话又与任务有着密切的关联。此外,虽然克拉申一直坚持认为可理解性的输入为成功的语言习得提供必要(且充分的)的标准,一些其他的学者则指出不仅是输入,其他创造性的输出也对第二语言的发展至关重要。如在加拿大的一个沉浸式的课堂中,M. 斯温(M. Swain)就曾指出即使置身于可理解性的输入环境中几年之后,进行沉浸式学习的学习者的语言水平也远远落后于同辈的母语使用者,因此她认为充分的创造性语言输出对于语言的全面发展十分重要。由于任务被认为能够同时提供让学习者进行语言输入和输出的机会,所以任务对语言学习有很大的意义。因此,基于第二语言习得的研究任务型教学法提出任务是激发输入-输出练习、意义协商以及互动性对话中最为核心的关键点。

第二,任务型教学法认为学习的难度可以根据特定的教育目的而进行调整。任务型教学法的另一个主张是为了促进某一特定方面的语言使用和学习目的可以设计个性化的任务。

第三,任务的活动和结果为学习者提供动力。任务被认为能够提升学习者学习的动力,从而促进学习的效果。这是因为任务型教学法在实践的过程中需要学习者使用纯正的语言,任务具有定义清晰的范围和边界、变化的形式和操作方式。任务一般包括体力活动,需要学习者进行合作,有时需要学习者回想过去的经验,包容并鼓励多样化的交际方式。J. 威利斯引述一位在课堂上组织了听力任务的教师的评论:"这些任务由于被多次重复而显得真实且易于理解。学习者们常常很有动力去认真地听因为他们刚刚完成相同的任务因此想要比较他们的结果。"(Willis, 1996)

第三节　教学原则

关于任务型教学法的特征与原则是什么,不同学者从不同的侧重点出发给出了自己的阐述。任务型教学法倡导者中的代表之一 D. 纽南(D. Nunan)提出任务型教学法的特点主要包括:学习者通过目的语交流进而学会交际;将原文导入到语言学习情境中;学习者不仅重视语言,也重视学习过程本身;把学习者的个人经验作为课堂学习的重要条件;尽量将课堂语言学习和课外语言活动结合起来。

对于任务教学法而言,一个最为核心的因素便是"任务"。关于什么是任务的问题,R. 埃利斯(R. Ellis)认为任务主要有以下特征:①任务的主要关注点是实际的意义;②任务中可能会存在一些"差",如信息差、推理差、意见差等;③参与者一般会选择一些语言上的资源来完成任务;④一个任务通常有定义明确的、非语言性的结果。由于任务型教学法对学习者的要求是应对真实世界中可能出现的情景,J. 哈默尔(J. Harmer)指出不同的任务往往要求学习者具备不同的语言技巧与互动方式,这一过程促进了学习者的语言习得。虽然教师在任务前的阶段会向学习者进行部分的语言展示以帮助学习者理解任务并加深理解,但是最后学习者采用什么语法和词汇还是取决于他们自己。这一过程中允许并鼓励他们动用自己知道的所有语言知识,而不仅限于课堂上涉及的"目的语"知识。L. 罗西奇(L. Loschky)和 R. 布雷-弗罗曼(R. Bley-Vroman)则指出在课堂上设计任务能让许多学习的目标最后变得"以任务为本",并让学习者意识到从交际意义上同意进行任务练习的必要性。而从互动效果来说,信息差的任务便能让学习者在过程中增进意义协商并以此为基础对结果进行调整修正。

在具体的任务分类上,N. S. 普拉布根据任务展开的前提将其分为三种:① 由参与者之间存在的信息差而生成的任务,这种任务通常表现为将给定的信息从一个人转移到另一个人,从一个地方转移到另一个地方,或从一种形式转移为另一种形式。这一过程通常会涉及对语言信息进行编码和解码的过程。典型的例子是在两人一组完成任务的过程中,两人手中分别有完整信息的一部分(如一张不完整的画),并试图通过口头的方式把自己已有的信息传达给对方。另一个例子是让学习者根据给定的信息来完成表格式的展示。这些任务活动往往需要参与者挑选出相关的信息,而参与者在传递信息的过程中一般需要达到完整性和准确度的要求。②由参与者之间存在的推理差而生成的任务,这些任务往往表现为让学习者通过推论、演绎、实际的推理等方式或通过对关系与模式的感知从给定的信息中获得一些新的信息。其中的一个例子是让学习者根据班级的课程表为老师设计安排出作息表。另外一个例子便是根据给定的目标和限定条件设计出最合理的行动方案（可以是最便宜的或最快的）。在参与并完成这些任务的过程中势必会要求学习者准确地理解和传递信息，这一过程与第一类的"信息差"任务相似，但值得注意的是这些被传递的信息和学习者最初理解的信息是不同的，中间一般通过"推理"进行了连接。③由参与者之间存在的意见差而生成的任务。这一过程通常需要学习者面对某一给出的情境时能够认识到并清晰地表达出个人的喜好、感觉或态度。一个例子是学习者共同完成一个故事或学习者针对某一社会热点话题进行讨论。这类任务一般要求学习者根据实证性的信息形成论点来支撑他们的观点，但是这一过程中一般不需要学习者明确地对讨论结果进行对或错的主观判断。因此，不需要学习者们最后就某一讨论事项达成一致的意见或结果，也不要求探讨出在不同场景下都可以应用的统一结果。

任务型教学法广泛受到教师和学习者欢迎，其中的一个主要原因便是不同于其他的教学法强调以教师为中心，任务型教学法更强调以学习者为中心。从学习者的过程而言，他们需要积极参与到小组活动中，在这一过程中学习者扮演着交际者、信息输出者、接受者等多重角色。从学习者的角色而言，任务型教学法强调学习者需要在学习过程中发挥独立性和主动性，通过明确学习目标、制订学习计划、进行复习和检查等方式来进行自我学习，在这一过程中学习者需要承担的角色主要包括：一是学习者需要参与到小组活动中，因为许多任务都需要学习者进行双人活动或小组活动，因此对于那些更适应班级集体活动或是个人活动的学习者而言，可能需要一些适应的时间；二是在任务型课堂中，任务是出于促进学习的目的而设计和实行的，因此课堂活动需要进行特殊的设计，而学习者在这一过程中要去积极地留意语言是如何被应用于交际的，这不仅包括语言的信息也包括语言如何被"打包"使用的形式。对于学习者如何利用一些特定技巧识别出任务所指向的目的，包括语言形式等，也有学者做出了具体的阐释。

从教师的角色而言，他们首先需要在课程的准备过程中选择、改造甚至自己创造任务并结合学习者的需求、兴趣和语言技能水平对这些任务进行排序。其次，教师还需要在学生进入任务前帮助他们进行准备。这是因为大部分任务型教学法的倡导者都认为学习者不应该在毫无准备的情况下参与到任务中去。因此，教师可以给学习者提供一些任务前的提示，比如对任务涉及的话题进行介绍，向学生明确任务的指示，为了帮助学习者顺利完成任务而让他们先学习或复习一些有用的词汇或词组,或者向学习者示范任务的一个片段,等等。这些提示可以是含蓄的归纳法式的,也可以是明显的演绎式的。最后,教师还需要和学习者一起明确教学活动所指向的目标,帮助学习者使用外语来表达自己的认知,建立以外语进行思维的能力和相对应的外语认知体系。因此,在开展任务型教学的过程中师生之间和学习者之间容易产生有意义的沟通,也更容易帮助学习者进行语言学习之外的实际技巧的训练。

总体来说,由于任务型教学法中涉及的任务一般对学习者而言较为熟悉,也对学习者的实际生活、交际等具有指导意义,因此也更容易激发学习者对语言学习的内在动机和兴趣。

第四节　教学过程

在任务型教学法实施的过程中,最为核心的要素便是任务。因此,任务型教学法的倡导者特别强调教师和课程开发者应该始终谨记,如果在课程中加入过多对于语法、词汇等形式的关注,则有可能会分散学习者的注意力,使他们从一开始就忙于关注和纠正自己所犯的错误,从而把大量的时间花在查词典或语法标准上,不利于课堂目的的达成。以下是开展任务型教学的一个参考框架:

第一,任务前。在任务前阶段,教师会告诉学习者他们在任务进行阶段需要实现的目标。同时教师也需要引入和介绍话题和任务,目的是激活学习者相应的背景知识。在"轻度"任务型教学法中,教师可能会提前告诉学习者课堂上会涉及的关键词汇和语法结构。当然这种方式之下课堂的形式会更接近于传统的"展示-练习-生产"(Present-Practice-Produce,PPP)模式。而在相对更"高强度"的任务型教学法中,学习者需要根据给定的内容来挑选组织合适的语言。而指导者(一般是教师)也可以通过操作或播放照片、音频或视频等方式来向学习者们展示任务进行的整个过程。

第二,任务中阶段。在这一阶段中学习者将任务细化到每一步,虽然根据任务类型可能会有不同的分组标准,但一般以小组的形式完成。除非教师在这一任务中要扮演一个特殊的角色,其一般承担的是观察者或咨询者的角色,因为任务型教学法强调自己是以学习者为中心的教学法体系。任务中阶段又包括三个小步骤,即任务、计划和报告。任务步骤要求学生用目的语流畅地实施任务,不强求语言上的正确性,目的是让学生在角色分工和小组活动中通过完成任务来树立信心。计划步骤要求学习者准备以双人形式或小组形式向全班报告任务完成的情况和结果,教师一般需要在学生们进行准备的时候观察是否需要在语言、内容或报告形式上给学习者提供帮助。在这一步骤中既要求语言的流畅性也要求语言的准确性。报告步骤指的是各小组用正确而流利的语言,面向全班就任务完成的情况进行汇报,这个步骤也是出于鼓励学生多使用语言的目的而设立的。

第三,任务后阶段(回顾阶段)。任务后阶段在形式上又主要可分为分析和操练两个部分。分析指的是如果在任务进行过程中留下了实际的语言性产物,如文本、展示汇报、音频或视频,则学习者可以利用这些材料来回顾和分析自己与其他班级成员在任务过程中的表现并提供建设性的反馈与建议。因此如果一个任务持续较长的时间,如几个星期,并在这几个星期的时间内会设置多次的回顾过程来对任务进行复盘和总结,这样的任务就与"以项目为基础的学习"呈现出很高的相似性。操练指的是学习者在语言分析的基础上,选出实例进行有控制性的操练,从而进一步感知知识点。

以下案例更清晰地展示了任务型教学法应用于汉语第二语言课堂的过程和特点。

(教案见书后本章附录,视频课请扫描以下二维码。)

第五节　影响与评价

交际语言教学法是主张通过功能项目和语言结构相结合的方式来培养学生运用外语进行交际的能力,而任务型教学法则是在认识到交际语言教学法只能培养学习者的弱交际能力的基础上提出了改革意见,意在培养和发展学生真正的强交际能力。任务型教学法以二语习得理论为基础,认为语言学习是无意识习得的过程。并强调语言学习过程中学习者需要将注意力集中在语言的意义之上,因此主张应该将以意义为中心的活动作为语言教学的中心。

　　任务型教学法的优点主要包括以下两点：第一，任务型教学法提出学习语言的根本目的是发展学习者的交际能力，并在这一基础上提出应该培养学生的强交际能力，即真正在社会语境中使用语言的能力。为了实现这一目标，任务型教学法提出应该让学生在真实情境中完成真实的任务。这种方式不仅能够在教学过程中激发学习者的学习动力，也能对学习者在实际生活中使用并练习所学语言产生较强的指导意义。第二，任务型教学法认为语言学习的核心是意义的学习，因此在语言的学习过程中将学习者的关注点从形式转向了意义，并且强调让学习者通过真实的任务在真实的情境中无意识地自然习得语言的意义。

　　同时，任务型教学法也存在一些问题限制了其进一步的扩展，主要包括以下三点：第一，任务型教学法强调语言意义的自然习得，排斥语法和语言知识的学习，而一定程度的语法知识和框架性的知识对于学生掌握语言的规律、提高语言学习的效率具有积极的作用。第二，任务型教学法强调语言学习应该在真实的情境中进行，并让学生完成真实的任务。但这在外语课堂上较难实现，因为这不仅需要有经验的教师在课程前进行精细的准备，也需要足够的人员对课堂进行监督和引导，真实的外语课堂往往很难同时具备这些要素。第三，任务型教学法的倡导者对任务的概念都有不同的阐述，导致学界对任务的认识都存在差异。而学界又没有对任务的难易进行统一的分类，因此难以形成统一的任务项目表供编写教学大纲和任务型教学法教材使用。随着任务型教学法的发展，有些二语习得的教学法专家将交际语言教学的机械性操练、意义性操练、交际型操练等都归入到任务型教学法的范畴，从而使得其内涵进一步的模糊。后来所谓的任务大部分情况下指的就是一种练习、操练和活动的形式，而实际上能体现任务型教学法本质的就只有项目而已。

　　总体来说，任务型教学法在提高语言学习过程中交际的地位以及使得语言学习更趋纯正上所发挥的教育作用是毋庸置疑的。虽然学界对任务的定义存在不同，但可以看到的是"任务"已经开始成为很多教师在课堂中所使用的一种重要教学技巧。任务型教学法为任务的使用提供了一种不同的思路，同时也为任务的设计和使用提供了一种不同的标准。而其结果便是现在的任务型教学法呈现出的最为显著的特征便是依托任务作为主要的语言教学输入，而缺乏系统的语法学习或其他类型的教学大纲。

第六节　小结

　　任务型教学法的产生至今已有 30 多年的历史了，而对于任务型教学法的概念和定义仍是众说纷纭，这也反映了学界对任务的重视和关注。任务型教学法受到交际语言教学法的影响，但两者的不同之处在于交际语言教学法认为目的语可以通过分立、有序的功能和结构而习得，而任务型教学法则认为目的语的交际性学习只能通过将学习者的注意力集中到语言的意义上，通过任务的方式来实现。任务型教学法以社会语言学、人本主义心理学、认知心理学和第二语言习得理论为重要的理论基础。在教学过程上，任务型教学法可按照任务前、任务中和任务后的阶段进行划分，其主要优势是强调意义，发展学习者的强交际能力，而劣势则主要是概念不清晰，标准不统一，在具体的课堂实践中难度较大。

参考文献

1. Ellis R. Task-based Language Learning and Teaching [M]. Oxford, New York: Oxford Applied Linguistics, 2003.

2. Harmer J. The Practice of English Language Teaching (3rd ed.) [M]. Essex: Pearson Education, 2001.

3. Krashen S P. Second Language Acquisition and Second Language Learning [M]. Oxford: Pergamon, 1981.

4. Krashen S P & Terrell T D. The Natural Approach: Language Acquisition in Classroom [M]. Oxford: Pergamon, 1983.

5. Loschky L & Bley-Vroman R. Grammar and Task-based Methodology [J]. Multilingual Matters, 1993:123-123.

6. Nunan D. Designing Tasks for the Communication Classroom [M]. New York: Cambridge University Press, 1989.

7. Pica T, Kang H S & Sauro S. Information Gap Tasks: Their Multiple Roles and Contributions to Interaction Research Methodology [J]. Studies in Second Language Acquisition, 2006,28(2):301-338.

8. Plews J L & Zhao K. Tinkering with Tasks Knows No Bounds: ESL Teachers' Adaptations of Task-based Language-Teaching [J]. TESL Canada Journal, 2010:41-41.

9. Prabhu N S. Second Language Pedagogy [M]. Oxford: Oxford University Press, 1987.

10. Richards J C & Schmidt R W. Language and Communication [M]. Routledge, 2014.

11. Skehan P. A Framework for the Implementation of Task-based Instruction [J]. Applied Linguistics, 1996,17(1):38-62.

12. Swain M. Communicative Competence: Some Roles of Comprehensible Input and Comprehensible Output in its Development [J]. Input in Second Language Acquisition, 1985,15:165－179.

13. Willis J. A Framework for Task-Based Learning [M]. Longman,1996.

从 21 世纪初以来，第二语言教学法日益呈现出多元化发展的趋势。一方面，以交际法及其衍生的任务型教学法、合作语言教学法等改革型语言教学法持续发展进化，在实践中得到了越来越多的认可和应用；另一方面，一些更为传统的语言教学法流派，如直接法、听说法等并没有退出历史舞台，其优点还往往能在新的学习理论支持下重新得到认识。那么，如何充分利用一百多年来外语教学法探索所取得的成就推进第二语言教学呢？一种早已提出的途径是折中，即争取结合各派优点，取长补短达到最佳效果。盛炎 (1990：153) 曾总结过在历史上产生过较大影响的折中法流派：

年代	名称	代表人物
20 世纪 20 年代	混合法	潘洛什、鲍曼、吉尔根
20 世纪 50 年代	综合法	齐斯加科夫
20 世纪 60 年代	折中法	卡里曼、田岛穆
20 世纪 70 年代	综合法	英国学者

然而，折中式教学法的根本困境在于，其采纳的教学原理和原则来源于不同教学法流派，它们往往是不一致甚至矛盾对立的。这一弱点曾经为 H. 维多森 (Widdowson 2003) 等学者所批评。从 20 世纪 90 年代开始，一种新的"后方法 (Postmethod)"理论逐步提出，并在 21 世纪初取得了巨大的影响力。

第一节　历史背景

后方法理论的思想可以概括为：影响教学质量的因素繁多，方法仅为可控因素之一，因此盲目崇拜方法显得过于天真和把问题简单化。这一思想方法最早可以追溯到 K. C. 丢勒（Diller，1978）提出的"教师判断观"，即认为只要教师能够回答下列问题：

（1）语言教学中有哪些错误？

（2）有哪些做法是在妨碍学习？

（3）是否正在给学生制造障碍？

（4）是什么原因使学生未能获得应取得的成功？

（5）使用的方法与技巧是否与对语言学习机制的认识相一致？

则使用的具体方法不应受到限制。

20 世纪 90 年代，N. S. 普拉布提出在课堂里不存在最好的教学法，除非它符合两个论点：一是基于语境的最好教学法，二是有价值的教学法。他认为教学法原则的实施依赖于教师对于可行性的判断（Sense of Plausibility）和个人概念化（Personal Conceptualization），即教师本人的信念以及对于特定教学环境的理解。

早期具有后方法思想的学者，还有 H. H. 斯特恩（Stern 1983）、R. 奥尔赖特（Allwright 1991）等。后者甚至较为极端地提出"方法已死"的观点。上述思想最后由 B. 库玛（Kumaravadivelu 1994）总结，形成在今天已具有广泛影响力的后方法教学理论。

第二节　基本原则

"后方法"的概念最早由 B. 库玛在 1994 年提出，并在之后逐步深化并成熟。后方法理论具有后现代主义从中心到边缘的思想，倡导开放、平等、多元。后方法理论从教学法、学习者地位、教师地位等多个层面进行重构，它主张三大基本原则，B. 库玛（Kumaravadivelu 2003）称为三大教学参数，即特定性（particularity）、实践性（practicality）和可行性（possibility）。

特定性是指外语教学所面对的制度、文化、社会环境等各个方面都有其特定性。每一种方法的存在都有特定理由，它只适用于某一具体情境。后方法的特定性超越了方法本位的教学思想，即仅仅通过一套教学原则和程序就能达到一系列教学目标。后方法理论认为，没有对特定情境的完整解读，就不能成为有意义的教学；没有对特定情境的总体改进，就不能提高教学质量。特定性参数强调对本土特发事件和亲历经验的重视。在教学中忽视这些因素可能会使语言学习无法进行。只有特定的教学实践才能带来对环境敏感的成功教育，在此有两个决定性因素：本土环境和一线教师。一方面，在制订教学计划时，决策者和管理者必须对本土的学习和教学条件有清醒的意识。另一方面，无论是单个教师还是教师群体，在教学时必须观察自身的教学行为，对效果进行评估，及时发现并解决问题，然后重新尝试，以检验哪些教学行为有效、哪些无效。特定性深植于课堂实践，不理解课堂实践就无法真正把握教学的特定性。

实践性是指教学方法要在实践中不断发展，它不是僵死的模式，而是动态发展的过程。从广义上说，后方法理论的实践性是指理论与实践的关系，在狭义上则指教师监督自己教学效果的技巧。长期以来，语言教学界一直用两分法来看待理论与实践的关系，严格区分理论家和教师的不同作用，割裂专业理论和个人理论的联系。这种区分抹杀了教师作为教育者的主体属性，使教师在教学中处于从属地位。后方法理论的实践性超越了上述两分结构。B. 库玛（Kumaravadivelu 2006）认为，如果切合具体语境的教学知识只能从教师的课堂教学产生，那么教师就能够将他们的实践理论化，将理论实践化。因此，教师仅把专家的理论用于自己的实践远远不够，必须发展切合具体语境的知识、技能、态度和自主，才能构建自己的实践性理论。实践性理论只有靠行动和思考的结合才能产生，即在思考中行动，在行动中思考。实践性的核心在于教师基于直觉的反思与行动。

可行性是指语言教学所采用的方法只有符合教学情境，方能行之有效。在后方法视角下，不存在一个解决一切问题的万能方法。可行性关注的是学生与教师的个体身份问题。师生的经验不仅来自于课堂，而且由身处其中的社会、经济和政治环境所决定。这些经验会切实改变课堂目标和活动。此外，可行性关注语言意识形态和学习者身份问题。在二语教育中，语言和文化的接触，造成了学习者身份的冲突。二语学习者必须突破语言意识形态和身份的限制，重构自己的主体意识。总之,语言教师不能忽视影响其课堂身份形成的社会现实,不能将学习者的语言需要与社会需要分割开来。教师要意识到这些社会文化现实,意识到自己转变现实的能力。而二语学习者带进课堂的社会政治意识会成为继续寻求主体性和塑造自我身份的催化剂。

第三节　宏观策略

后方法理论的基本参数放在全球各民族经济文化交融的当下,是容易被理解和接受的。然而,如果仅仅停留在特定性、实践性和可行性的宏观表述上,则难免流于空泛,而无法指导实际课堂情景中的第二语言教学。为此,B. 库玛(Kumaravadivelu,2008)专门提出了十条宏观策略(macrostrategies)以利于上述参数的具体落实。具体包括:

(1) 最大化学习机会:确保教学设计和教学实践能够在具体的条件下,为学习者提供最多且最优越的学习机会。这一标准在课程视频非常容易获得的今天,是很容易在各教学之间横向比较的。

(2) 鼓励意义协商型的课堂互动:与社会文化理论主张的"意义协商"一致,认为语言学习是在这一环节中产生的。由此也可以彰显出诸如任务型教学法、合作式教学法等改革型教学法的价值。

(3) 最小化感知错位:用这个标准来衡量,早期呈现钟摆式对立的翻译法、直接法等关于学习者母语使用的观点显然需要重新考虑。另外一个启示在于,当前高速发展的教育技术手段,尤其是与移动互联网结合的教育技术,可以为实现这一目标提供许多新的途径。

(4) 激活直觉启发:这不仅暗含中国古典的"不愤不启,不悱不发"教育理念,也与 H. H. 斯特恩(Stern,1983)提出的处理好"隐性"和"显性"教学这组对立的概念的说法相一致。

(5) 培养语言意识:强化语言意识可以保障语言学习的效率并维系积极的情感因素,加深对目的语知识乃至文化的理解。从这个角度讲,早期将目的语纯粹视作一种工具的教学法和教学理念,的确存在与现实脱节的问题。然而,语言意识的"隐性"特点,又对语言教师提出了更高的要求。

(6) 将语言知识融入语境:这一趋势从交际法诞生的时代就已形成,并随着多媒体尤其是互联网技术的发展而日益强化。无论用心理学还是社会学作为语言学习的理论基础,这一主张都能得到支持。

(7) 整合多种语言技能:出于后方法理论对于语言复杂性及其社会文化功能的深刻认识,它主张综合而非孤立地训练语言技能。这是当前教学实践发展的主要趋势,然而它并不意味着需要排斥侧重单一技能的教学法实践所取得的经验。

(8) 提升学习者自主性:后方法理论认识到语言学习者具有各自不同的社会文化身份背景和学习经验,而应对这一情况的对策之一,就是鼓励发挥学习者的自主性,使其能够采用最适合自身的特点方法来进行学习。

(9) 确保与社会文化的关联:任何一种目的语都是基于某一语言文化社群形成的。因此,成功的语言教学不应脱离该文化社群。这是语言教学成功的重要保障。

(10) 提升对文化的关注:语言教学中是否应该包括以及如何处理文化要素,历来是学界争论的一个焦点。在后方法理论看来,语言教学不仅应该包含丰富的文化要素,而且需要引导教学双方有意识地加以关注。如何在课堂上处理好文化和目的语的融合,对教学双方提出了新的挑战。

后方法理论在教学中的具体实现,显然离不开对于上述宏观策略的充分理解和贯彻,然而,与本书前面部分介绍的具体的单一教学法流派不同,后方法理论的核心思想要求这些策略的贯彻实施必须首先考察具体的教学情境再进行决策,这就对第二语言的教学双方提出了新的要求。

第四节　重新认识教学双方的角色

后方法理论主张学习者应该获得充分的自主。后方法理论教学通过给学生提供参与决策的机会,最充分地利用学习者资源,实现学生利益最大化。

学习者自主首先指学习者发展对自己学习负责的能力,充分发掘学习潜力。根据 B. 库玛(Kumaravadivelu 2003:139 - 140)的观点,学习者培养学习责任感的方式如下:

(1) 认识自己的学习策略和风格,了解自身的优缺点;

(2) 吸收成功学习者的经验,扩展自己的学习策略和风格;

（3）利用图书馆、学习中心、互联网等媒介，充分扩展语言学习的机会；

（4）与其他学习者合作，共享某些资源；

（5）利用机会，与语言能力强的人多加交流。

除此之外，B. 库玛（Kumaravadivelu 2006）还提出了更高层次的学习者自主：

（1）学会深入调查，使他们理解语言作为意识形态服务于既得利益者的方式；

（2）通过日记或札记反思自我发展，认识到自己的身份与周围社会的关系；

（3）形成互助式学习团体，从中寻求自我意识和自我提高；

（4）进行网络搜索，将课题和材料带到课堂讨论，表达自己的看法。

两类自主结合起来，可以使学习者获得整体的学术能力、智力能力、社会意识、心理态度等，克服课堂内外的各种挑战。当然，这样远大的目标仅靠学习者孤军奋战很难达到，须与他人合作才能完成，而与教师的合作尤其重要。

后方法理论对于教师定位的改变可以归纳为"赋权增能"（Teacher Empowerment）。它倡导教师由被动变为主动、发展教师自主性的核心理念。事实上，这一主张从 20 世纪 80 年代开始就有人提出。它认为，教师不应被视为学校教育改革的对象，而应该是教育改革的主导者、行动者。教育领导者应交出一些权力与教师共享，而不是将权力加诸教师身上，这一类赋权被称为"外部赋权"。此外，赋权理论还包括"内部赋权"，即教师利用个人的知识，充满信心地进行决定和采取行动。教师具有充分的专业知识与教学效能，拥有专业自主性与地位，能进行专业判断，负专业责任。后方法理论将教师明确定义为理论创造者，鼓励大力发展教师的主观能动性，提升教师进行理论探索的勇气。它一方面充分肯定教师在教学过程中的作用，认为是"教师"而不是"方法"决定外语教学的质量，没有所谓最好的方法，只有更好的教师（Prabhu，1990：167），认为如果没有教师的能动参与，任何外语教学改革都不可能获得真正成效；另一方面，它充分相信教师的主观能动作用，相信教师能够也应该形成对他们的课堂及课外的教学环境有用的教学理论。

基于上述对于学习者自主和教师赋权的信念，后方法理论才得以具备在外语教学法充分发展的 21 世纪初期，进一步提升第二语言教学理论与实践水平的可能性。

第五节 后方法视野下的第二语言教学法

在本章的开头部分,我们提出无原则地对不同教学法流派进行"折中"并不具备实际的意义。然而,后方法理论却能够帮助我们真正站在巨人的肩膀上,通过充分利用既有的教学法研究成果,在全球化时代进一步提升第二语言教学水平。

过去人们在试图整合不同教学法的优点时,面临的最大困难在于不同方法往往基于不同的语言学和学习理论,这些理论具有分歧,甚至往往是对立的。如果我们普遍采用二分法的评判标准,则势必只能在对立流派中作出非此即彼的取舍。因此,虽然不断有学者提出语言教学法的融合趋势(盛炎 1990:153 - 154;章兼中 2016:436),却没有找到融合之道。后方法理论的核心价值在于,它明确提出具体的语言教学场景和情境是复杂多变的,而且受到文化、社群和学习者经历等多种要素的深刻影响,因此并不存在普适性的最佳教学方案。理性的解决之道,应该是给予学习者充分的自主,给予教师充分的赋权,使得双方能够通过彼此协调,选择灵活的、适应现实需求的教学方案。这就使得模糊且不具操作性的"折中"转变为明确可行的"按需决策",为未来的第二语言教学实践与研究开辟明确的发展方向。

需要指出的是,要实现这一美好前景,对第二语言的教学双方,尤其是教师群体提出了比过去更为严苛的要求。今天的第二语言教师,往往处于一个多元文化融合、学习者来源十分多元的教学环境中,因此从宏观认识上,应该具有后方法的教学思想,明确自身拥有比过去更大的选择权和因需施教的义务。然而,进行最优选择的能力又基于他们对于可用教学资源和方法选项的充分掌握和理解。这就使得了解二语教学领域所产生的主要教学法流派并熟练掌握其中仍具有有效性的方法(应占其中大多数)成为当代第二语言教师的必备素质。这再次说明,后方法理论并非取消教学法,而是提供了一种让不同教学法都能具有用武之地的途径。正如我们在绪论部分提出的,用这一前沿理论对现有的第二语言教学法重新梳理和反思,并借助课堂实例帮助汉语第二语言教学的发展,恰是本书写作的根本目的。

第六节　小结

后方法理论是在 20 世纪 90 年代开始孕育,并最终由 B. 库玛提出的一种宏观教学理论。它与具体的第二语言教学法并不是平行的关系,而是对于后者的定位和运用方法的重新认识。它提出第二语言教学法没有固定的模式,而应在实现特定性、实践性和可行性三大参数的前提下,根据实际教学情境和需求进行决策。学习者应在此过程中具有自主性,而教师应获得充分的赋权。通过实践库玛提出的十条宏观策略,过去孕育提炼出的具体教学法能够在后方法的视野下获得选用、改造、整合与实施,从而把第二语言教学提升到一个新的水平。

参考文献

1. 盛炎. 语言教学原理[M]. 重庆:重庆出版社,1990.
2. 章兼中. 国外外语教学法主要流派[M]. 福州:福建教育出版社,2016.
3. Allwright R & Bailey K. The Death of the Method [J]. SGAV Conference. Carleton University,1991,6:2017.
4. Diller K C. The Language Teaching Controversy [M]. Newbury House Publishers,1978.
5. Prabhu N S. There Is No Best Method—Why? [J]. Tesol Quarterly,1990,24(2):161 - 176.
6. Stern H H,Tarone E E,Stern H H, et al. Fundamental Concepts of Language Teaching:Historical and Interdisciplinary Perspectives on Applied Linguistic Research [M]. Oxford University Press,1983.
7. Kumaravadivelu B. The Postmethod Condition:Merging Strategies for Second/Foreign Language Teaching [J]. TESOL Quarterly,1994,28(1):27 - 48.
8. Kumaravadivelu B. Toward a Postmethod Pedagogy [J]. TESOL Quarterly,2001,35 (4):537 - 560.
9. Kumaravadivelu B. A Postmethod Perspective on English Language Teaching [J]. World Englishes,2003,22(4):539 - 550.
10. Kumaravadivelu B. Understanding Language Teaching:From Method to Postmethod [M]. Routledge,2006.
11. Kumaravadivelu B. Beyond Methods:Macrostrategies for Language Teaching [M]. Yale University Press,2008.
12. Widdowson H. Defining Issues in English Language Teaching [M]. Oxford University Press,2003.

第十四章

后方法时代的汉语国际教育

第一节　后方法理论视野下的汉语第二语言教学

后方法理论的提出为我们重新审视汉语作为第二语言的教学提供了一个全新的视角,具体表现在:

(1)从语言教学宏观原则所体现的"共性"角度认识汉语教学。本书前面的章节介绍的诸多教学法流派中,有一些在汉语国际教育的实践中得到了广泛的接受和应用(如交际法、任务型教学法等),有些却出现了"水土不服"。如果将这一现象放在"后方法"的宏观视野中来解读,可以发现其形成原因是复杂多样的。比如,听说法在中国大陆的对外汉语教学中运用比较少,原因是其兴起和盛行的年代处于中国改革开放之前。相反,这一方法在北美的汉语教学中却曾是主流的方法,产生过诸如 J. 狄弗朗西斯等(DeFrancis, *et al*. 1996)编写的《汉语初级教程》(*Beginning Chinese Reader*)等极具影响力的教材,究其原因,恐怕是该教材成书的年代恰与美国第二语言教学大发展的年代重合。同理,我们可以类推出交际法、任务型教学法在汉语教学中盛行的原因。而后者在国际汉语教育中的应用甚至早于国内英语教学界(见绪论部分),也与大量学习者处于目的语环境的实际交际需求有关系。然而,在这纷繁复杂的情况中,我们可以发现,汉语国际教育界对于教学法流派的接受与扬弃遵循了后方法理论提出的几大普遍性原则:特定性、实践性和可能性。汉语国际教育独特的"后发优势"使得汉语教师和学习者在一开始就具备较为丰富的"资源库"和理论积累,能够在较为前沿和完善的理论指引下进行自主的教学决策。后方法理论使我们认识到，无论是汉语国际教育还是其他任意的外语教育，虽然处在复杂的环境变量中，却遵循着第二语言教学的普遍规律。B.库码提出的十条"宏观策略"在当下是具有普适性的。这一认识可以帮助汉语教师在面对复杂的教学任务和教学环境中，在"资源过剩""信息过剩"的情况下，提纲挈领地把握住二语教学的核心实质，保证教学效果。

（2）妥善认识和处理汉语与汉语教学的独特性。作为矛盾对立的另一面，汉语作为一种在类型学上颇具独特性的目的语，的确给二语学习者带来了不小的挑战。声调、汉字、意合语法、口语书面语的显著差异，上述每一项都可以成为汉语学习的"拦路虎"。过去的汉语教师往往受制于一些"经典"、固化的语言学和语言教学观念，倾向于照搬其他语言（如英语）教学的典型做法，比较保守。比如，汉语学界对于汉字和汉语教学的关系、顺序、比重等问题一直争论不休，至今尚未达成完全的共识。声调教学对于非声调母语的学习者十分重要虽然早已成为共识，但却鲜见主流的初级汉语教材对其作出有针对性的强化设计，这也折射出声调教学在实际教学中的默守陈规。后方法理论认为，教师应该在教学中被赋予更大的权力，从而更好地去认识并处理实际教学任务的特定性、实践性和可行性。唯其如此，汉语教学的实质才能更好地被发掘，有突破性和针对性的教学实践才能不断涌现，汉语第二语言教学的总体质量才有望取得实质性的提高。

（3）对纷繁的第二语言教学法流派进行扬弃和重构，促进汉语第二语言教学。我们在前一章提出，优秀的教学理念如果不辅之以优秀的教学实践，则一切都将流于空谈。过去汉语教师和研究者（其实也包括我国广大英语教研人员）所面临的一大挑战是，由于历史原因，众多具有国际影响力的语言教学法流派，几乎都是由国外学者创立的。草创适应汉语教学实际需要的教学法流派，缺乏足够的理论和实践基础，而在借鉴吸收国外方法的时候，又面临着其流派不仅数量繁多，而且还常常存在着彼此矛盾对立的状况，往往无所适从。后方法理论对于语言教学特定性、实践性和可行性的宏观认识，为我们开辟了一条对既有方法大胆扬弃乃至重构的思路。从我国外语教学界的实际情况看，那些取得广泛接受的"本土化"方法，比如王初明（2000）等人提出的"写长法"、文秋芳（2015）提出的"产出导向法"，都是兼顾了对于外来理论的深入思考和对于所面对的实际教学场景的具体分析而形成的。在过去的对外汉语实践中，也曾形成过由赵金铭

(2010)所总结出的"汉语综合教学法"等接地气的本土化尝试。在世界格局日新月异的当下,国际汉语教育正面临着深刻的变局和发展的契机,这更需要该领域的从业者能从后方法的角度,既能吸收借鉴国外理论的优点,又能将其与国内外的汉语第二语言教学实际情况相结合,融会贯通,形成适应时代需求的自主性的教学法理论和实践。

第二节 汉语国际教育在后方法时代的挑战与机遇

后方法理论的提出具有深刻的时代背景。它是全球化时代世界主要语言、文化乃至族群深度融合的产物。后方法理论提出以宏观原则取代固化的教学法作为总体指导,并主张对教师充分赋权,让其根据具体的教学场景和需求进行决策,从而大大提高第二语言教学的整体认识水平。

需要指出的是,上述认识固然适用于所有语言作为第二语言的教学,但对于今天的汉语教学却有着格外深远的意义。在全球化时代,中国在全球政治经济舞台上扮演着至关重要的角色,也因此,汉语作为母语使用人数最广的语言,其影响力和使用情境也发生着深刻的变化。具体而言,汉语正逐步从一种主要由单一族群使用的地区性语言转变为在国际化场景下使用的具有国际通用性的语言;从一种主要作为母语和外语被学习的语言转变为一种同时作为母语、外语和"传承语言"被学习的语言。考虑到上述三类学习者巨大的人口体量,这一变化带来的冲击也是巨大的。要应对这一迅速的变化,汉语国际教育面临着以下几个主要挑战:

(1)教学资源方面,虽然全球范围内,汉语作为第二语言教学的学习者数量和国别日益增加,然而和英语相比,其可依赖的教学资源仍十分不足。这不仅是指传统的教材、教辅资料,也包括以新媒体为依托的短视频等素材及智能手机应用等在这个时代常见的教学工具,甚至也包括具有广泛传播力的文学、影视作品等汉语文化产品。

(2)教学理念方面,后方法思想尚未被全体教师所了解和接受。教学实践往往还拘泥于固定的经验和模式,而以特定性、实践性和可能性为基础的对方法的融会贯通尚未成为共识。

(3)师资队伍方面,过去由于历史原因,在中国国内(目的语环境)进行教学的师资和在国外(学习者母语环境)的师资在教育背景和意识形态上较为割裂，这一状况的一个典型表现就是汉语师资及其教学实践在不同文化环境的适应性偏弱。在全球化程度日益加深的大背景下，这显然不利于汉语的进一步传播。而目前提出的"本土化师资"培养，有望在一定程度上缓解该问题。

（4）宏观文化环境方面，后方法理论提出社会文化环境是影响语言教学的一大变量，然而在现实中，实际的社会文化环境往往受到国际局势的影响，在后者产生波动时，会对汉语第二语言教学的展开形成负面的冲击。可以预期的是，在今后一段时间，这种冲击可能会持续存在。

然而，我们也应该看到，新的时代背景也孕育着汉语国际教育的潜在机遇。这包括：

（1）中国经济和国力发展对于语言文化传播的助力。未来一段时间，在中国国力赶超领先地位的同时，学习汉语的吸引力也势必会日益增强。后方法理论把宏观社会环境作为语言教学的重要变量，那么总体而言，汉语第二语言教学的发展前景是十分光明的。

（2）中国科技水平的迅速赶超对第二语言教学的助推。随着我国科学技术的发展，尤其是在移动互联网领域逐步确立的领先地位，已经使得慕课、混合式学习等基于互联网的教学方式深入人心。汉语第二语言教学在上述领域的发展速度丝毫不亚于任意一种其他外语。技术手段的意义在于，它能给教学双方带来更大的自主性和自由度，从而充分贯彻后方法理论所主张的三大原则和十条宏观策略。

（3）中国应用语言学研究水平的提升对于第二语言教学的帮助。所谓"教学相长""教研相长"，后方法理论主张的"实践性"中，实质就是理论与实践的相互成就。近年来，随着我国应用语言学在理论深度、方法创新、研究条件等方面的不断进步，其科研产出的水平不仅大大提升，而且国际化程度也今非昔比。那么，只要保证理论和教学实践不要相互脱节，汉语第二语言教学水平的进步也一定是水到渠成。

（4）中国第二语言教学产业化带来的有利影响。与中华人民共和国成立前三十年以及改革开放之初的状况相比，当今的汉语国际教育所面临的另一大环境变化是教育的产业化程度大大加深。资本的推动使得汉语教学所能获得的资源配置变得更为充分和合理，而后者又能通过投资回报吸引更多的资本投入这个领域。从 20 世纪 90 年代开始,中国的英语教育已经充分受益于这个规律,那么可以推断,接下来一段时间,汉语第二语言教学也将会遵循同样的路径获得高速发展。

我们认为,上述的潜在优势如要充分发挥并形成合力,把握第二语言教学的客观规律是必不可少的。这其中,充分掌握第二语言教学法的发展脉络和最新成果,并能够使用后方法时代的理念加以细致分析和灵活应用,是时代对于汉语国际教育从业者的要求和呼唤。

汉语国际教育作为一项重要的事业,在未来很长一段时间必然有着光明的发展前景。本书梳理了国内外外语教学史上涌现的主要教学法流派,并结合汉语第二语言的课堂实例进行展示,最后将其纳入后方法理论的框架中以期提高认识水平,希望能为国内外的汉语教师以及汉语第二语言研究者提供切实的参考。我们相信,这一微不足道的努力有如水滴,将会和其他从事汉语国际教育和汉语研究的千千万万同道的努力汇合成为洪流,助力汉语和中国文化的复兴。

参考文献

1. 王初明,牛瑞英,郑小湘. 以写促学:一项英语写作教学改革的试验[J]. 外语教学与研究, 2000(3):207 - 212.
2. 文秋芳. 构建"产出导向法"理论体系[J]. 外语教学与研究,2015(4):547 - 558.
3. 赵金铭. 对外汉语教学法回视与再认识[J]. 世界汉语教学,2010(2):243 - 254.
4. DeFrancis J, Teng C Y, & Yung C. Beginning Chinese Reader [M]. Yale University Press,1966.

教学法实例演示教案

第四章附录　听说法示例教案

第二课　现在几点？

一、课型

口语课

二、使用教材

《你好，中文》（第三册上），王骏、安娜主编，2006年第2版，第二课，现在几点？

三、教学对象

六名汉语水平为初中级的留学生，来自法国、保加利亚、泰国和韩国。

四、教学内容

（1）对上节课学过的有关时间生词的回顾和运用。

（2）掌握如下重点语言形式：

A：今天星期几？
B：今天星期（　　）。

A：今天是几月几号？
B：今天是（　　）月（　　）号。

A：现在几点？
B：现在（　　）点（　　）分。

（续表）

| 你几号回国? |
| 今天几号? 明天几号? 后天几号? 前天几号? |
| 你几点上课? 几点下课? |

五、教学目标

（1）知识技能:熟练掌握本课表示时间及日期的生词并能够运用课文进行会话。

（2）交际技能:学会用所掌握的语言形式表达日期和时间。

（3）文化知识:了解中国传统历法中的 24 节气。

六、教学重点和难点

时间的表示法,时间词的语法功能。

七、教学方法

本次课型为口语课,主要采用听说法教学,其次结合讲授法、实物模型和图片展示法、合作学习法等。

八、教学时间

本次教学共计 30 分钟,本次教学集中于语言形式的掌握和交际活动的开展(学生于课前已经进行相关词汇的学习),因时间较短不涉及过多纸质练习及课堂作业反馈。

九、教具

钟的模型、卡片。

十、教学步骤

教学内容	时长	教学行为	教学说明
组织教学	1 分钟	师生互致问候	通过问候引起学生注意,学生进入上课状态
复习	3 分钟	教师引导学生简单回顾上节课学习过的日期和时间的相关生词	通过回顾唤起学生的词汇储备,为本节课交际操练做铺垫

（续表）

教学内容	时长	教学行为	教学说明
	2分钟	导入:今天星期几? 今天几月几号?（会话练习加词卡展示）	会话式导入营造轻松的教学氛围,迅速进入学习状态
学习新内容	8分钟	教师结合日期句型利用钟表模具呈现情景,学生跟读并模仿。 今天是7月9号,星期二,我早上（ ）点起床 （ ）点半吃早饭 （ ）点去上课 （ ）点下课 （ ）点一刻吃午饭 …… 就会话中出现的语言形式进行操练并反复问答	接触自然的对话,模拟范例练习,学生熟练掌握语言形式,为下一步交际语境中使用语言做好准备
交际练习一	3分钟	教师展示所有的重点句型,进行归纳和总结	交际练习一教师设置了特殊情境,目的是使学生在有控制的场合中运用上面已操练过的句型
	5分钟	分组练习:教师展示范例对话,学生听并回答,学生之间进行提问听答环节。将卡片和模型发给学生。教师在旁边倾听并指导	
交际练习二	4分钟	课文范例对话练习 李佳和马克的对话 老师一人分饰两角色表演对话,学生去听并模仿	交际练习二是巩固教材知识内容,更加熟练运用时间进行对话
	2分钟	学生自己练习课文对话	
文化知识讲解	1分钟	简单了解24节气	语言的学习与文化息息相关,补充一定的文化知识
布置作业	1分钟	笔头作业:生词抄写 口头作业:熟练掌握今天的时间会话练习	及时巩固,温故而知新

教案设计:杨妍

第五章附录 全身反应法示例教案

第五课 回头再说

一、课型

综合课

二、使用教材

《汉语教程》(第三册上),杨寄洲主编,2006 年第 2 版,第五课,回头再说

三、教学对象

六名汉语水平为初中级的留学生,来自法国、保加利亚、泰国和韩国。

四、教学内容

(1)词汇:"回头""再说""其实""实在""临了"等词语的含义和用法。

(2)语法:掌握"动词+起来""动词+下去"的用法。

(3)课文:熟读课文,理解"回头再说"的使用语境并能简单概括其意义。

五、教学目标

(1)词语学习目标:掌握课文重点词语的意义并能自主运用。

(2)语法学习目标:了解趋向动词作补语的使用。

(3)课文学习目标:理解谈话中模糊时间的交际策略,提升学生对中国文化的感知。

六、教学重点和难点

(1)了解"回头再说""其实""至于"的意义并能在交际对话中正确使用。

(2)理解课文内容。

七、教学方法

(1)在全身反应法的基础上采用多种方法教学。

(2)以全身反应法为主,同时采用问答法、图片展示法、情景模拟法等。

八、教学时间

本次教学共计 30 分钟,重点在于"动词+起来""动词+下去"的用法以及趋向动词作补语的使用,因时间较短,课文将有所删改。

九、教具

十、教学步骤

教学内容	时长	教学行为	教学说明
组织教学	2 分钟	师生互致问候,用课前指令运动小游戏动员学生积极性:站起来、坐下去、请起立、请坐等等	吸引学生注意力,调动学生参与度,为上课准备条件

教学内容	时长	教学行为	教学说明
导入	2分钟	老师问:"同学们,你们以前坐飞机的时候有没有和旁边的中国人交流过?"随后与学生交流飞机上与外国人沟通的经历。"好的,那我们今天就来学习第五课,看看作者在坐飞机的时候和旁边的中国人说了些什么?"	以课文相关的话题为切口,让学生增强对课文内容的熟悉度
语法	2分钟	PPT展示课文片段并齐读,让学生思考"高兴起来"的意思	了解语法的应用语境
	4分钟	通过"高兴起来"引入语法点"动词+起来",展示"一只鸟飞起来了"并板书、领读,同时讲解语法点"动词+起来";提问"起来"的反义词,并由此引入语法点"动词+下去",同时讲解语法点"动词+下去"	语法点讲解
	5分钟	教师边做动作边说指令,让学生做动作: 1. 请左边两位同学站起来; 2. 请右边两位同学把手举起来; 3. 老师不小心把书扔下去,指派另一名同学把书捡起来。 　随后分组练习,学生说指令,让另一名学生做动作,最后拓展语音指令。 　教师演示动作,引导同学们造句:"老师拿起一本书,开始看起来。"	用全身动作配合语法点操练
生词	2分钟	① 回头:老师动作示范,把头扭向后这个动作叫做回头,这个动作需要一小段的时间,所以不长的一段时间也可以说是"回头"。——直接法	搭配直接法、认知法等讲解生词释义
	2分钟	② 再说:表示等到有时间、有条件、有机会时再考虑办理;有时表示对他人的要求委婉的拒绝或推脱。举例分析。——认知法	
	4分钟	③ 其实:表示所说情况是真实的,有更正、解释或补充上文的作用。放在动词或主语前边。——认知法 ④ 实在:诚实、不虚假。举例分析。——认知法 ⑤ 临了:"了"读liǎo,表示结束的时候。——认知法	
练习	2分钟	组织操练,PPT展示习题,提问同学完成句子填空。 习题如下: 1. 太阳从东方升_____。 2. 太阳从西方落_____。 3. 他拿起那本书,开始看_____。尽管周围乱哄哄的,他还是专心地看_____。 4. 听了这个好消息,他心里顿时高兴_____。 5. 得想个办法,不能让她这样一直消沉_____了。	同学回答问题期间,需要搭配全身反应,同时进行回答

（续表）

教学内容	时长	教学行为	教学说明
	3分钟	知识点归纳总结：包括语法点、生词等	利用图片和关键词的提示复述课文，可将本课语法及内容结合
	1分钟	布置课后作业：抄写生词和例句、熟读课文	课后巩固练习

教案设计：张叶

第六章附录　多元智力法示例教案

第七课　自相矛盾

一、课型

综合课

二、使用教材

《汉语教程》（第三册上），杨寄洲主编，2006年第2版，第七课，成语故事

三、教学对象

六名汉语水平为初中级的留学生，来自法国、保加利亚、泰国和韩国。

四、教学内容

（1）词汇：自相矛盾、吸引、叫卖、坚固、锋利、刺、透、无比、不管、既然、其中。

（2）语法："为了""不管""其中""既然"等词的用法。

（3）课文：了解《自相矛盾》的故事，学会这个成语的日常用法；

利用所学新词复述故事并能够表演故事。

五、教学目标

（1）词语学习目标：故事中出现的新词掌握意义及运用。

（2）语法学习目标：掌握"为了""不管""其中""既然"四词的搭配及语法功能。

（3）课文学习目标：了解成语背后的故事，提升对中国文化的认知。

（4）技能目标：掌握所有新词的听说读并能够利用新词独立复述课文。

六、教学重点和难点

（1）词汇：成语、虚词、副词的掌握。

（2）语法："为了""不管""其中""既然"的词法及使用。

（3）课文：汉语中成语的背景故事及复述课文。

七、教学方法

（1）在多元智力理论的基础上采用多种方法教学。

（2）在复习旧课的基础上导入新课，采用讲授法、多媒体演绎法、图片展示法、动作演示法、表演法等。

八、教学时间

本次教学共计 30 分钟，重点在于对课文的理解以及新词的教学，因时间较短不涉及过多纸质练习及课堂作业反馈。

九、教具

十、教学步骤

教学内容	时长	教学行为	教学说明
组织教学	1分钟	师生互致问候	通过问候引起学生注意，学生知道开始上课了。（人际交往智力）
复习热身	4分钟	师生问答练习：老师问一个学生："记得前面两节课我们学了什么吗？"学生回答。再问另一个学生："那你能解释这个成语的意思吗？"让其余三个学生分别用"滥竽充数"说一个句子	通过师生问答复习了前两课的内容。所有的学生都问到了，而且是打乱顺序进行的，使所有的学生在整个练习过程中都能保持注意力。（内省智力）
课文	3分钟	1. 首先放出矛和盾两种兵器的图片让学生对其有初步印象，继而拿出矛和盾的小型玩具让学生亲自触摸感受	采用图片和实物展示法，直观让学生了解故事发生的背景。（视觉空间智力）
	3分钟	2. 向学生提问"哪一种兵器比较强"引出课文内容，在课件上展示《自相矛盾》故事的漫画，让学生猜想图片中的人在做什么	通过漫画形式，让学生对故事的逻辑线有一个清晰的认识。（自然观察智力）
	3分钟	3. 五位学生依次朗读课文，每人读一句接龙，教师适当提醒生词读法	最后在朗读课文引出本课生词及语法

（续表）

教学内容	时长	教学行为	教学说明
生词	2分钟	1. 在之前的接龙阅读中,老师于PPT上依次弹出阅读到的生词,让五位学生自由讨论词语意思,统一意见	学生了解了课文内容的基础上小组讨论生词意思,相比教师直接讲解学生更具主动性,且在一个紧凑的课堂中更具有效率。（人际交往智力）
	4分钟	2. 五位同学依次发表对词语的理解,教师给予反馈并在PPT上展示正确用法	
	2分钟	3. 老师朗读需要讲解词法的词语——"为了""不管""其中""既然"四词的例句（每个词三句）,学生跟读	由于这几个需要讲解词法的新词难度不太高,学生可直接跟读例句,由于不是语法课,因而不过多给予学生操练时间
活动	2分钟	1. 教师再次在PPT中展示《自相矛盾》漫画图片,通过表演让学生猜测她在表演哪一幅图	学生根据老师的表演猜图片情节,进一步提高对课文内容的熟悉度。（视觉空间智力）
	4分钟	2. 在PPT中列出关键词汇,引导学生在词语的引领下复述课文。逐个复述	利用图片和关键词的提示复述课文,可将本课语法及内容结合
	3分钟	3. 学生小组表演准备,一组两人,一组三人	通过角色分配、增添情节、会话言语的讨论增强其语用能力。（人际交往智力）

教案设计:胡蔚沁

第八章附录 交际法示例教案

第三课 你买什么?

一、课型

口语课

二、使用教材

《你好,中文》(第一册),王骏、安娜主编,2006年第2版,第三课,你买什么?

三、教学对象

六名汉语水平为初中级的留学生,来自法国、保加利亚、泰国和韩国。

四、教学内容

（1）对上节课学过的有关购物生词的回顾和运用。

（2）掌握如下重点语言形式：

A:请问您买什么？您买哪种？
B:我买（ ）。

A:（ ）多少钱一个/件/斤……？
B:（ ）一个。

A:你买几个？
B:我买（ ）个。

A:一共多少钱？
B:一共（ ）。

这件有点儿小,有大的吗？

太贵了,便宜一点儿吧。

五、教学目标

（1）语言形式：熟练掌握情景中出现的语言形式。

（2）交际技能：学会用所掌握的语言形式进行购物,学会表达自己的消费观。

（3）文化知识：了解中国人生活中的讨价还价习惯,提升对中国文化的认知。

六、教学重点和难点

通过控制性练习操练语言形式,通过自由交际操练练习表达观点。

七、教学方法

本次课型为口语课,主要采用交际法教学,其次结合讲授法、多媒体演绎法、图片展示法、合作学习法等。

八、教学时间

本次教学共计 30 分钟,集中于语言形式的掌握和交际活动的开展（学生于课前已经进行相关词汇的学习）,因时间较短不涉及过多纸质练习及课堂作业反馈。

九、教具

多媒体课件、实物。

十、教学步骤

教学内容	时长	教学行为	教学说明
组织教学	1分钟	师生互致问候	通过问候引起学生注意,学生进入上课状态
复习导入	3分钟	1. 教师引导学生简单回顾上节课学习过的人民币面值以及与购物相关的生词。 2. 导入:来中国你自己学会购物了吗?都买过什么东西?去过哪里购物	通过回顾调动学生的词汇储备,为本节课交际操练做铺垫。会话式导入营造轻松的教学氛围,这是口语课堂的基础
学习新内容	2分钟	播放第一段情景视频	接触自然的对话,对话中包含语言形式
	3分钟	教师展示商品图片,就会话中出现的语言形式进行操练	模拟范例练习,学生熟练掌握语言形式,为下一步交际语境中使用语言做好准备
	2分钟	播放第二段教学视频	接触自然的对话,对话中包含语言形式
	3分钟	教师利用图片呈现情景,就会话中出现的语言形式进行操练	模拟范例练习,学生熟练掌握语言形式,为下一步交际语境中使用语言做好准备
交际练习一	1分钟	教师展示所有的重点句型,进行归纳和总结	
	1分钟	教师向学生说明本次交际练习的要求和形式: 1. 将六位学生分为3组,一人扮演售货员,另一人扮演顾客,时间充足的话,可进行角色互换。 2. 模拟购物环境,展示实物作为商品,贴有标签,上有商品价格,顾客向售货员购买商品,售货员售卖商品,运用上一环节所学习的语言形式进行对话,完成交际。 3. 在购物过程中,顾客可以向售货员询问折扣或者讨价还价,将最终购买的商品和花费金额记录下来,活动后进行简单汇报。 4. 除了运用本课学习的语言形式,学生可以自由发挥,达成交际目的即可。	教师设置特殊情境,目的是使学生在有控制的场合中运用上面已操练过的句型

（续表）

教学内容	时长	教学行为	教学说明
	5分钟	学生开始进行交际练习,教师在旁倾听并指导每组学生	
交际练习二	1分钟	教师说明本次交际练习的要求: 1. 教师展示手机图片,并说明不同情况,这几款手机在质量、价格、外观、功能方面的差异,学生要做出自己的购物选择,并向合作伙伴阐明理由。 2. 进一步总结,对自己的消费观进行阐述。即购物时更关注商品哪些方面?(原因是什么? 质量、价格、喜好、外观、功能……) 3. 运用已学语言知识,自由会话。	交际练习二是对教材的补充,对购物话题进一步拓展,目的是创造让学生更自由使用语言的条件,让学生自由表达思想感情和观点
	5分钟	学生进行自由会话,教师在旁倾听并指导每组学生	

教案设计:蓝意峰

第九章附录　合作法示例教案

第七课　下棋

一、课型

阅读课

二、使用教材

《发展汉语》(中级阅读 I),徐承伟编著,2012 年第 2 版,第七课,下棋

三、教学对象

六名汉语水平为初中级的留学生,来自法国、保加利亚、韩国和泰国

四、教学内容

(1) 词汇:拼命、白费、随便、满意、恰巧、只好。

(2) 课文:了解《下棋》的故事,厘清其中的人物关系和故事脉络。

五、教学目标

(1) 知识目标:掌握课文中出现的一些生词。

(2) 技能目标:既能在通读的过程中快速把握段落或文章的大意,又能通

细读掌握一些细节;提升猜词能力和预测文章走向的能力。

（3）情感目标:学会既对自己负责又对团队负责,提升责任感和团队精神;了解诚实的重要性。

六、教学的重难点

重点:词语和文章大意的掌握,故事的逻辑性。

难点:故事的逻辑性。

七、教学方法

在合作语言学习法的理论基础上,采用图片展示法、拼图法、提问法、讨论法、角色扮演指导法等。

八、教学时间

本次教学共计30分钟,重点在于对课文的理解。

九、教具

十、教学步骤

教学内容	时长		教学行为	教学说明
组织教学	1分钟		师生互致问候,并询问学生的兴趣爱好,PPT展示国际象棋的图片,导入今日文章主题:下棋	通过问候引起学生注意,自然导入
课文阅读	课文上19分钟	3分钟	1. 分组(家庭组)及任务分配:教师根据学生水平、国籍将6人平均分为两组;每个人抽一张扑克牌,数字(345)对应课文段落(123),用花色区分组别。(没有抽扑克牌,直接前后两人一组)	适应合作学习理念,扑克牌也可以为后续随机抽答做准备,加强所有学生的责任感和紧迫感
		2分钟	2. 个人阅读:思考画线的词语及回答相关问题	在小组讨论前先进行个人的思考,有利于学生找到问题所在
		3分钟	3. 重新分组(专家组):两组中拿到相同数字的学生组成新的组,如拿到数字3的(改为前后两人)两个学生在一起共同讨论段落中的画线词语、大意和相关问题的答案	利用学生的差异性,在合作中将段落吃透,便于后期在家庭组中发挥作用,提升每个学生的责任感
		6分钟	4. 分享(回家庭组):组内三个成员一一与成员分享自己段落的内容,进一步深入讨论和完善对整篇文章的脉络把握。共同完成任务卡1(解释一些词语和回答一些问题)	通过合作来了解和学习课文上,培养了合作精神

(续表)

教学内容	时长		教学行为	教学说明
	5分钟		5. 成果检验与引入课文下:①"拼命""满意"的解释(PPT呈现词语),每个词语让学生回答前给10秒的思考时间,可以商量。1分钟②回答问题。1分钟③头脑风暴:如果你是王石,你怎么办? 有没有什么办法可以赢两位象棋大师? 2分钟。④预测:为什么王石要在不同的屋子里分别和两位大师下棋? (PPT呈现AB两个大师在不同房间的图片)1分钟	由于时间有限,只抽两个词语的学习情况;通过回答与课文相关的问题,了解学生是否合作完成了课文的组建;通过头脑风暴来预测课文下的内容
课文下8分钟	6分钟		1. 小组合作学习:三人共用一份材料,共同学习,分配任务(一人读课文,一人写重要的信息,一人上台报告王石的操作过程)	每个人都对小组最后的结果负责,有利于提升学生的责任感和团队精神
	2分钟		2. 结果展示(即报告),每组1分钟	验证学生是否厘清了故事的逻辑,读懂了课文
总结及作业	1分钟		1. 总结:你们觉得王石是个什么样的人	通过内省升华文章的主旨
	1分钟		2. 作业:对这个故事进行对话及演绎(3人一组,鼓励加入合理情节),下节课表演给全班看	在熟悉内容的条件下,将重点从阅读放到语言的表达上,通过角色分配、增添情节、会话言语的讨论增强其语用能力。锻炼小组合作能力

教案设计:万君

第十章附录　内容导向法示例教案

第五课　一封求职信

一、课型

写作课

二、使用教材

《发展汉语》(中级阅读 I),徐承伟编著,2012年第2版,第五课文章二:一封求职信

三、教学对象

六名汉语水平为初中级的留学生,来自法国、保加利亚、泰国和韩国。

四、教学内容

（1）词汇：审阅、应届、培养、环保、义务、家教、组织、以诚相待、综合。

（2）语法："尤其""不管""……的同时"的词法。

（3）课文：基于整个招聘、求职、面试、初进公司这样的商务主题，讲解其中的求职环节，以课文《一封求职信》为例，从中学会根据招聘信息撰写中文的求职信。

五、教学目标

（1）词语学习目标：文章中出现的新词掌握意义及运用。

（2）语法学习目标：掌握"尤其""不管""……的同时"等词的使用方法。

（3）课文学习目标：了解求职信的构成及组成要素。

六、教学重点和难点

（1）词汇：文章中生词的掌握。

（2）语法："尤其""不管""……的同时"的词法及使用。

（3）课文：能够根据文章撰写属于自己的求职信。

七、教学方法

基于内容导向教学法，在复习旧课（招聘广告）的基础上导入新课（写求职信），将内容和情景相融合，把语言系统和内容整合起来，采用讲授法、多媒体演绎法、图片展示法、动作演示法等。

八、教学时间

本次教学共计 30 分钟，重点在于内容的引导以及技能的训练，因时间较短不涉及过多纸质练习及课堂作业反馈。

九、教具

讲义、PPT。

十、教学步骤

教学内容	时长	教学行为	教学说明
组织教学	1分钟	师生互致问候	通过问候引起学生注意，准备切入话题

（续表）

教学内容	时长	教学行为	教学说明
复习热身	4分钟	分发招聘信息的讲义,复习上节课关于招聘广告的内容,提问招聘信息中都包含哪些东西;询问学生四份招聘广告中,最想应聘哪个公司,为什么?	通过师生问答复习了上一节课的内容。提问涉及每位同学,使所有的学生在整个复习中都能保持注意力。并由最后的问题引出今天撰写求职信的话题
启发	2分钟	让同学根据自己心仪的职位,写出相对应的求职信中应该包括哪些内容	基于求职信的内容,进行较为细致的切分
小结	2分钟	根据学生列出的内容,教师进行总结,给出模版,开始以课文为例,基于文章内容进行进一步讲解	总结学生答案,在此基础上引出课文,加深学生记忆,并开始进入今天的课文教学
课文	8分钟	让学生通读课文,根据学生自己列的内容清单进行比对,看有无增减。并让同学根据文章内容做后面的练习二,进行词义猜测	将课文和之前学生列的清单进行比较,进一步巩固,基于文章内容,通过猜词的方式开始词汇教学
词汇	3分钟	在猜词的基础上,开始进行词汇/词法教学,主要讲解词性、词义及用法	在猜词的基础上进行具体的词汇教学。采用图片法、讲授法等
课文	5分钟	请学生依次读课文,并做练习一,深度了解文章	在扫除词汇障碍的基础上,对文章内容做进一步的了解
活动	4分钟	根据文章内容和之前学生自己列的清单,让学生口头叙述自己的情况。之后,对其他同学进行提问	为写作做铺垫,先让学生说出来,教师加以适当地修正。提问听众,有利于集中他们的注意力
总结/作业/预习	1分钟	根据文章二和自己所选的职位,写一篇求职信。思考:写完求职信后,下一步需要准备什么?(简历)	对本课内容进行总结。引出下一节课的话题

教案设计:刘凯丽

第十一章附录　词汇教学法示例教案

第十六课　周末天气怎么样

一、课型

口语课

二、使用教材

《体验汉语口语教程》(第 1 册),陈作宏主编,2010 年第 1 版,第十六课,周末天气怎么样

三、教学对象

六名汉语水平为初中级的留学生,来自法国、保加利亚、泰国和韩国。

四、教学内容

(1)词汇:晴天、雨天、阴天、下雪天、爬山、堆雪人、遛狗。

(2)课文:以《周末天气怎么样》为基础,利用所学新词完成讲故事。

五、教学目标

(1)词语学习目标:课文中出现的新词及拓展的同类词掌握意义及运用。

(2)课文学习目标:掌握含有新词的词块学习。

(3)技能目标:掌握所有新词的听说读,能够利用新词独立看图说话。

六、教学重点和难点

(1)词汇:词块组合连成小句的掌握。

(2)课文:复述和对课文的拓展。

七、教学方法

(1)在词汇教学法的基础上采用多种方法教学。

(2)在复习旧课的基础上导入新课,采用词汇教学法、讲授法、多媒体演绎法、图片展示法、动作演示法、表演法等。

八、教学时间

本次教学共计 30 分钟,重点在于课文的理解以及新词的教学,因时间较短不涉及过多纸质练习及课堂作业反馈。

九、教具

十、教学步骤

教学内容	时长	教学行为	教学说明
组织教学	2 分钟	师生互致问候,问候天气	通过问候天气引起学生注意,铺垫本课的主题

（续表）

教学内容	时长	教学行为	教学说明
复习热身	2分钟	询问学生还记得上节课学过什么吗？通过图片展示，随机请学生说出图片上的词汇和句子	通过图片展示复习了前两课的内容。所有的学生都问到了，而且是打乱顺序进行的，使所有的学生在整个练习过程中都能保持注意力
课文	2分钟	1. 请学生齐读、两人分角色读课文，让他们说出不认识的生词	让学生自己读课文来反映生词，是一个让学生对语块有所感知的过程
语块教学	2分钟	2. 解释生词，并请同学说出一些同类型的语块（词与短语），或教师补充部分	收集语块的过程
	3分钟	3. 按照时间和天气、事件两个部分，让学生同桌互相问答。时间和天气："今天天气怎么样?""明天呢?""周末的天气怎么样"和"是晴天""听说上午阴，下午有雨""周六是晴天"	观察阶段。让学生初步对所学语言材料建立感性认识
	5分钟	4. 按照时间和天气、事件两个部分，分别进行系列操练每一个句子，直至完成故事	假释阶段。学生正在对以上两个语块的相关组成部分进行模仿、替换、转换和运用
活动	6分钟	5. 给学生裁剪好的语块纸片，让他们按照展示的图片（上述故事的顺序）自由组合	验证阶段。这一阶段完成语块的组合成语篇
	7分钟	6. 设置一个场景，让学生使用天气怎么样和事件说话	
总结及作业	1分钟	7. 复述图片中的故事，让学生回去复习本次课程	让学生回顾这节课的词汇组合和内容

教案设计：钟冬冬

第十二章附录　任务型教学法示例教案

第四课　爸爸、妈妈

一、课型

综合课

二、使用教材

《快乐汉语》(第一册),李晓琪主编,2003 年第 1 版,第四课,爸爸、妈妈

三、教学对象

六名汉语水平为初中级的留学生,来自法国、保加利亚、泰国和韩国。

四、教学内容

(1) 生词:

a. 亲属称谓:爸爸、妈妈、哥哥、姐姐、弟弟、妹妹、爷爷、奶奶

b. 指示代词:这、那

(2) 句型:这是我爸爸。那是我妈妈。

(3) 语法:指示代词"这"近指、指示代词"那"远指的功能

陈述句变成否定句、疑问句

(4) 汉字:这、那、爸、妈

(5) 拼音:辅音 d、t、n、l 以及它们和单元音的拼读

五、教学目标

(1) 词语学习目标:本课生词以及补充的亲属称谓。

(2) 语法学习目标:指示代词"这""那"的近指、远指功能。

(3) 课文学习目标:本课句型以及相关的疑问、否定表达。

(4) 汉字学习目标:汉字"这""那""爸""妈"。

(5) 语音学习目标:辅音 d、t、n、l 以及它们和单元音的拼读。

(6) 技能目标(听说读写):

听说读三会:所有生词、本课句型;

听、说、读、写四会:辅音 d、t、n、l 以及它们和单元音的组合;

汉字"这、那、爸、妈";

交际技能:会用本课句型介绍自己的家庭。

六、教学重点和难点

(1) 词汇:亲属称谓"爸爸""妈妈""哥哥""姐姐""妹妹""弟弟"。

(2) 语法:指示代词"这""那"。

(3) 课文:以指示代词"这""那"为主语的陈述句、"是"字句,这两类句型的疑问、否定表达。

(4) 语音:声母 d、t、n、l 第二声的练习。

（5）汉字：本课四个汉字的认写。

七、教学方法

任务型的交际练习、问答法、图片展示法等。

八、教学时间

本次教学共计 30 分钟，重点在于课文的理解以及新词的教学，因时间较短不涉及纸质练习及课堂作业反馈。

九、教具

游戏"找朋友"的卡片、第四课词语卡片、第四课句型卡片、活动"我的家"的卡片等。

十、教学步骤

教学内容	时长	教学行为	备注
组织教学		1. 师生互相问好	
复习旧课	3 分钟	2. 师生问答练习："你好！" "你叫什么？" "你是哪国人？" "你家在哪儿？" 问过几人后，问下一个学生前一个学生的情况： "你好！" "她叫什么？" "她家在哪儿？" "她是哪国人？"	通过问候引起学生注意，学生知道开始上课了
	7 分钟	3. 任务型交际热身：找朋友。 每个学生拿到一张卡片，卡片上面是自己的新身份"名字＋国籍＋住址"，下面是"要找的人"。找到自己的朋友后站在一起，然后用以下句型把新朋友介绍给大家："你们好！她是……，她是……人，她家在……。"	
学习新课、练习生词及句型	5 分钟	4. 事先在黑板上画一棵"家庭树"，中间画一个"我"，以头脑风暴的方式让学生带出生词。 PPT 展示图片：我→爸爸→妈妈→哥哥→弟弟→妹妹→姐姐→爷爷→奶奶。 依次根据图片带读，然后贴到黑板上的"家庭树"中。 学生跟读生词：老师指图，学生朗读生词，直至熟练	展示生词
	2 分钟	5. 词语练习：听音举牌。 分发人物卡片，每人一张，然后说出亲属称谓，拿到该卡片的学生展示正确图片并朗读，进行多轮	

（续表）

教学内容	时长	教学行为	教学说明
学习新课、练习生词及句型	3分钟	6. 学习指示代词"这""那"。 请一名学生上台，学生与老师站远一些，学生拿"爸爸"，老师拿"妈妈"，老师慢慢说句子："这是妈妈，那是爸爸。"接着与学生交换卡片，继续说："这是爸爸，那是妈妈。"然后展示句型	
	5分钟	7. 练习"这""那"。 三人一组上台，分别持"我"和另两个家庭成员卡片。一个人演"我"，另两位家庭成员通过"我"说的话移动位置。例如，"我"说："这是我爸爸"，持"爸爸"卡片的同学迅速跑到"我"旁边；"我"说："那是我妈妈"，持"妈妈"卡片的同学迅速跑到远离"我"的位置。 换人换卡，游戏可进行多轮	
	5分钟	8. 任务型游戏:我的一家。 学生分两组，组成两个家庭，每组一个人演"我"，其他人各得一张家庭成员卡片。组内成员用句型"我是……"互相认识。然后由每组的"我"向另一组用句型"这是我……"介绍自己的家人。两个句型写在黑板上。（例如，学生可说:我是"哥哥"，这是我的爸爸、这是我的妈妈、那是我的妹妹等。） 游戏可进行多轮竞赛，每轮在组内调换卡片，让每个人都有机会扮演"我"，介绍自己的家	
布置作业	2分钟	制作家庭树或是带一张家人的照片，下次上课向同学介绍自己的家	

教案设计:堵秋一

Index

索　引